## Das Buch

Sie können am wenigsten dafür und sind trotzdem immer die Leidtragenden: Kinder von Eltern, die sich trennen oder scheiden lassen. Die Eltern müssen sich deshalb nicht zeitlebens Vorwürfe machen, sollten aber über den eigenen Schwierigkeiten das Wohl ihrer Kinder nie aus den Augen verlieren. Trennung und Scheidung sind eine Familienangelegenheit, die nur gemeinsam geregelt werden kann. Dabei wollen die Autoren helfen: Was bedeutet eine intakte Familie für das Leben eines Kindes, und wie erlebt es ihr Auseinanderfallen, Streit der Eltern, Auszug von Mutter oder Vater? Wie sagen Eltern ihrem Kind, daß sie sich trennen wollen? Wie lassen sich Schuldgefühle beim Kind vermeiden? Was sollten Eltern beim Umgang mit Anwälten und Gericht beachten? Wie läßt sich das Sorgerecht am vernünftigsten regeln? Was können Eltern nach der Scheidung für ihr Kind tun?
»Eindrucksvoll an diesem Buch ist die große kinderpsychologische und pädagogische Sachkenntnis der beiden Autoren.« (Children Today)

## Die Autoren

Sonja Goldstein ist praktizierende Rechtsanwältin und Dozentin am Child Study Center der Yale University in den USA.
Albert J. Solnit, Kinderpsychiater und Psychoanalytiker, ist Professor für Pädiatrie am selben Institut.

# Sonja Goldstein
# Albert J. Solnit:
# Wenn Eltern sich trennen
# Was wird aus den Kindern?

Aus dem Amerikanischen von Sabine Bothe

Deutscher
Taschenbuch
Verlag

dtv

Durchgesehen von Erdmuthe Merzdorf, Rechtsanwältin, München

Für unsere Familien

Ungekürzte Ausgabe
Juni 1995
Deutscher Taschenbuch Verlag GmbH & Co. KG, München
Titel der amerikanischen Originalausgabe:
Divorce and your child

ISBN 3-608-95431-7
Umschlaggestaltung: Klaus Meyer, Antonia Berger
Umschlagfotos: Wilfried Petzi
Gesamtherstellung: C.H. Beck'sche Buchdruckerei, Nördlingen
Printed in Germany · ISBN 3-423-36519-6

# Inhalt

# Dank

Dieses Buch ist mitgestaltet worden von unseren Familien, Freunden, Kollegen, Klienten und Patienten. Bei ihnen allen möchten wir uns bedanken.

Unser besonderer Dank gebührt Joseph Goldstein für seine inhaltliche und redaktionelle Mitwirkung; Joshua Goldstein für seine unnachgiebige Kritik und konstruktiven Anregungen; Anne Goldstein, die unser Manuskript schon frühzeitig gelesen und uns immer wieder ermutigt hat; Gladys Topkins für ihre freundliche, aber bestimmte und zugleich fordernde editorische Unterstützung; Elizabeth Sharp für ihre großzügige, treue und über ihre Pflicht hinausgehende Hilfe; Dolores Gee, Rosemarie Willis und Lisa Carpentino dafür, daß sie so fröhlich und gekonnt das Tippen besorgt haben.

Wir danken der verstorbenen Anna Freud für ihr lebhaftes Interesse an unserer Arbeit und für ihre wertvollen Anregungen.

Sonja Goldstein
Albert J. Solnit

# Einleitung

Wenn Kinder diese Welt regieren würden, gäbe es sicherlich kaum Scheidungen – selbst wenn ihre Eltern noch so große Schwierigkeiten miteinander hätten. Alle Kinder, nicht nur die ganz kleinen, brauchen ihre Mutter und ihren Vater, möchten, daß sie zusammenbleiben und sich gut verstehen. Sie setzen ihr ganzes Vertrauen in sie und glauben, deren einzige Aufgabe im Leben bestehe darin, Eltern zu sein. Daher kann ein Kind es nur ganz schwer verstehen oder gar akzeptieren, wenn sein Vater oder seine Mutter eines Tages aus der gemeinsamen Wohnung auszieht und es verläßt – so zumindest erlebt es das Kind.

Dennoch ist heutzutage eine Scheidung bzw. – bei unverheirateten Paaren – die Trennung eine nahezu alltägliche Erscheinung. Mehr als eine Million Kinder sind in jedem Jahr davon betroffen, insgesamt zwölf Millionen Kinder unter 18 Jahren haben die Scheidung ihrer Eltern erleben müssen.[1] Zu dieser Zahl können noch die Kinder der unverheirateten Paare, die sich trennen, hinzugerechnet werden (denn schließlich hängen die emotionalen Auswirkungen, die der Auszug eines Elternteils auf das Kind hat, nicht davon ab, ob die Verbindung der Eltern durch eine Heiratsurkunde legitimiert war oder nicht).

Durch Gesetzesänderungen, aber auch durch den Wandel sittlicher und moralischer Vorstellungen, ist es für Paare immer leichter geworden, ihre Ehen bzw. eheähnlichen Beziehungen wieder aufzulösen und sich ihr Leben so einzurichten, wie es ihren Wünschen entspricht. Führen Eltern keine glückliche Ehe, so erscheint ihnen eine Trennung oft als erstrebenswertes Ziel, wenn nicht gar als einzig möglicher Ausweg aus einer unerträglich gewordenen Situation. Selbst wenn sie meinen, daß es für ihr Kind vielleicht besser wäre, wenn seine Eltern zusammenblieben, geben sie oft ihren eigenen Bedürfnissen und Interessen den Vorrang.

Doch meistens glauben sie in einer solchen Situation, daß die Trennung nicht nur für sie selbst, sondern auch für ihre Kinder die beste Lösung ist. Gefühlsmäßig oder nach reiflicher Überlegung mögen sie zu dem Schluß gekommen sein, daß sie letztendlich ihrem Kind mehr schaden, wenn sie zusammenbleiben, als wenn sie sich trennen. Wobei unabhängig davon ist, welcher Art ihre Konflikte sind und wie sie im allgemeinen ausgetragen werden: wortlos, lautstark oder sogar unter Anwendung von Gewalt.

Dieses Buch wurde *für* Eltern geschrieben, die sich trennen wollen, und es handelt *von* Kindern und ihren Bedürfnissen. Es geht um Trennung und Scheidung, insbesondere um die Einstellung und das Verhalten von Eltern, aber auch um den Einfluß der gesetzlichen Vorschriften sowie der gesellschaftlichen Normen und Gewohnheiten. Wir beschäftigen uns weiter mit der Rolle, die in diesem oft langwierigen Drama die Eltern, Rechtsanwälte, Richter, Psychologen, Psychiater, Sozialarbeiter und andere Erwachsene spielen, und schließlich mit der Frage, wie *Kinder* es erleben, wenn ihre Eltern neue Beziehungen eingehen. Wir, die Autoren – die eine Rechtsanwältin, der andere Kinderpsychiater und Psychoanalytiker –, wollen mit diesem Buch keine Analyse des Scheidungsrechts liefern, obwohl wir natürlich die Möglichkeiten, die die Gesetzgebung für das Kindeswohl vorgesehen hat, mitbehandeln. Wir gehen auch nicht von der Annahme aus, daß Kinder aus Scheidungsfamilien seelische Probleme haben *müssen,* die einer fachlichen Behandlung bedürfen;[2] dennoch wollen wir ausführlich erwägen, welchen Belastungen das Seelenleben eines Kindes bei einer Trennung bzw. Scheidung ausgesetzt ist. Vor allem aber haben wir unser Fachwissen über Fragen des Rechts und der kindlichen Entwicklung und nicht zuletzt unsere eigenen Erfahrungen als Eltern in Anleitungen und praktische Vorschläge für andere Eltern umgesetzt.

Jede Trennung stiftet Unruhe und hat einschneidende Veränderungen im Familiengefüge zur Folge. Dieses Buch richtet sich an Eltern, denen es wichtig ist, ihr Kind nicht mehr als nötig zu verwirren, die Veränderungen in Grenzen halten, ja diese sogar – wenn möglich – konstruktiv nutzen wollen.

Unsere Beobachtungen gelten, von den rechtlichen Aspekten einmal abgesehen, für *alle* in Trennung lebenden Eltern, unabhängig davon, ob sie miteinander verheiratet waren, ob ihre Trennung durch ein Scheidungsurteil rechtskräftig geworden ist oder nicht. Kein Scheidungsfall gleicht dem anderen. Jede Familie hat ihre eigene Geschichte, und jede Situation ist einmalig für alle Beteiligten. Dennoch läßt sich nicht übersehen, daß jeder Beziehung zwischen Eltern und Kindern dieselben universellen Bedürfnisse und Wünsche zugrunde liegen. Deshalb werden Sie, wenn Sie vorhaben, sich zu trennen, wahrscheinlich in Situationen geraten und mit Problemen konfrontiert werden, die andere Eltern auch gut kennen. Einige davon werden in folgenden Fragen deutlich:

- Mein Mann und ich sind nicht glücklich miteinander, und ich bin sicher, daß die Kinder das merken. Ich habe nun gelesen, daß die »gefühlsmäßige Scheidung« von Eltern für die Kinder schlimmer zu ertragen sei als die eigentliche Scheidung. Aber ich kenne viele geschiedene Frauen, die mir jetzt unzufriedener vorkommen als *vor* ihrer Trennung. Soll ich mich also nur meiner Kinder wegen scheiden lassen? (Siehe Kapitel 2)

- Ich habe mich vor zwei Jahren scheiden lassen und habe bis jetzt noch nicht wieder geheiratet. Ich weiß, daß meine zehnjährige Tochter insgeheim hofft, ihr Vater und ich würden eines Tages wieder zusammenkommen – ein aussichtsloser Gedanke! Solche Phantasievorstellungen sind schlecht für sie; soll ich mir also vornehmen, sie ihr auszureden? (Siehe Kapitel 2)

- Mein Mann wünscht das Sorgerecht für unsere beiden Kinder im Vorschulalter – einen Jungen und ein Mädchen. Ich möchte ihm das Sorgerecht aber nicht überlassen; schließlich hat er mich verlassen, um mit seiner Freundin zusammenzuleben, und ich sehe nicht ein, daß er Freundin *und* Kinder haben soll. Auf der anderen Seite würden mich aber die Kinder bei meiner Karriere und in meinen sozialen Aktivitäten erheblich beeinträchtigen. Wegen dieser Gedanken habe ich schon Schuldgefühle. Meine Eltern und alle Freunde halten es für selbstverständlich, daß ich meine Kinder behalte. Was soll ich tun? (Siehe Kapitel 4)

- Ich kann mir nicht vorstellen, meine Kinder nicht bei mir zu haben, und ich glaube, ich kann sie besser erziehen als meine Frau, obwohl sie sich im Moment mehr um sie kümmert. Soll ich um das Sorgerecht kämpfen? Und wenn ich es nicht tue, werden mir meine Kinder, wenn sie älter sind, nicht vorwerfen, ich hätte sie aufgegeben? (Siehe Kapitel 4)

- Immer, wenn ich einen Kinderpsychologen im Fernsehen über mütterliche Gefühle reden höre, glaube ich, daß ich nicht die »richtigen« Gefühle habe. Ein Beispiel: Obwohl ich meine Kinder liebe, möchte ich beim Essen doch immer das beste Stück Fleisch für mich haben. Es langweilt mich auch, den ganzen Tag nur mit meinen Vorschulkindern zu verbringen – ich spiele eben nicht gern mit Bauklötzen. Nun lasse ich mich scheiden, und mein Mann möchte das Sorgerecht haben; doch ich kann mir ein Leben ohne meine Kinder überhaupt nicht vorstellen. Ist es nun richtig, meinem Rechtsanwalt zu sagen, daß ich das Sorgerecht will, oder wäre das schlecht für meine Kinder? (Siehe Kapitel 4)

- Meine ehemalige Frau und ich hatten einen gerichtlichen Streit um das Besuchsrecht an jedem zweiten Wochenende, den ich schließlich gewann. Seitdem versuche ich, Ausflüge mit meinen Kindern zu machen und meine Interessen mit ihnen zu teilen, so wie es in Erziehungsratgebern vorgeschlagen wird; aber es klappt nicht. Wenn ich mein Auto repariere, möchte ich meiner sechsjährigen Tochter nicht erklären müssen, wie das geht. Ich habe auch nichts übrig für Walt-Disney-Filme, und Popcorn kann ich nicht ausstehen. Aber ich liebe meine Kinder. Soll ich meine Sonntage so verbringen, wie *ich* es will, oder soll ich das tun, was *sie* wollen? (Siehe Kapitel 9)

- Ich habe meinem Anwalt gesagt, daß ich das Sorgerecht für die Kinder haben muß, weil meine Frau viele verschiedene Freunde hat, die auch zu ihr nach Hause kommen. Darauf antwortete er, daß Kinder ihre Mutter brauchen und daß ihre Moral nichts mit ihrer Eignung als Mutter zu tun habe. Soll ich zu einem anderen

Rechtsanwalt gehen? Kann ich nicht von meinem Anwalt erwarten, daß er das tut, was ich ihm sage? (Siehe Kapitel 5)

- Soll ich meinen Kindern erzählen, daß ihr Vater schuld an der Trennung ist, weil er ein Mistkerl ist (was wirklich stimmt), oder soll ich ihnen sagen, daß es immer zwei Sichtweisen einer Sache gibt und daß bei einer Scheidung niemand allein die Schuld hat – obwohl ich das nicht glaube? (Siehe Kapitel 3)

- Ich erzähle meinen Kindern immer, ihre Mutter sei ein guter Mensch. Dabei weiß ich aber, daß sie, wenn sie mit ihnen zusammen ist, mich einen Despoten nennt. Ich hätte ihr das Leben verdorben, und das beste, was sie jemals getan habe, sei gewesen, mich loszuwerden. Ist das fair? Ich finde ihr Verhalten abscheulich. (Siehe Kapitel 8)

- Meine Kinder, beide in der Pubertät, leben zwar mit mir zusammen, verbringen aber sehr wenig Zeit mit mir. Ich finde, sie sind selbstsüchtig. Als sie noch klein waren, habe ich sehr viel Zeit für sie geopfert. Nach meiner Scheidung blieb ich zu Hause, anstatt mich zu verabreden und abends wegzugehen. Sind sie mir nicht etwas schuldig? (Siehe Kapitel 8)

- Mein früherer Mann hat jedes Wochenende und jeweils für einen Monat im Sommer Besuchsrecht. Meine zehnjährige Tochter freut sich immer auf diese Treffen, während sich mein Sechsjähriger davor fürchtet. Soll ich meinen Sohn ermutigen, drängen oder gar zwingen, zu seinem Vater zu gehen? Er wird sicher das tun, was ich ihm sage. (Siehe Kapitel 8)

- Meine Frau und ich haben beschlossen, uns scheiden zu lassen. Wir wollen das tun, was für unsere Kinder – einen Jungen von drei, einen Jungen von fünf und ein Mädchen von acht Jahren – das beste ist. Sollen wir jedes Kind einzeln fragen, mit wem es am liebsten zusammenbleiben möchte? (Siehe Kapitel 4 und 6)

- In einigen Büchern über Scheidung habe ich gelesen, daß Kinder, deren Eltern sich scheiden lassen, oft glauben, dies sei irgendwie *ihre* Schuld, und daß man ihnen das unbedingt ausreden müsse. Die Scheidung habe nichts mit ihnen zu tun, und es sei nicht deshalb so weit gekommen, weil sie schlechte Kinder seien. Ich habe das meiner zehn Jahre alten Tochter gesagt, als meine Frau und ich uns scheiden ließen. Sie sah mich daraufhin an und meinte: »Oh, ich wäre nie auf die Idee gekommen, daß ich daran schuld haben könnte?« Glauben Sie, ich habe ihr nun etwas eingeredet? (Siehe Kapitel 3)

- Ich liebe meinen dreijährigen Sohn sehr. Vor meiner Scheidung war er immer sehr liebevoll, und wenn er in der Nacht aufwachte, rief er nach mir, um sich trösten zu lassen. Nun wohnt er bei mir; aber wenn ich ihm heute nahe komme, sagt er oft: »Ich hasse dich.« Ich verstehe das nicht und weiß nicht, was ich tun soll. Das macht mich sehr ärgerlich und unglücklich, obwohl ich so tue, als ob es mir nichts ausmache. Statt dessen versuche ich, ihn zu bestärken, und sage ihm, es sei völlig in Ordnung, wenn er mich haßt, und daß ich ihn trotzdem liebe. Bedeutet dies alles, daß es besser für ihn wäre, wenn nicht ich, sondern seine Mutter das Sorgerecht für ihn hätte? (Siehe Kapitel 2 und 8)

- Meine Ex-Frau hat kürzlich wieder geheiratet. Sie hat das Sorgerecht für unsere beiden Kinder, die ich aber bisher ohne Schwierigkeiten regelmäßig besuchen konnte. Nun aber gibt es jedes Mal irgendwelche Entschuldigungen, wenn ich einen Ausflug mit ihnen machen will. Ich glaube, ihr Stiefvater versucht, sie mir zu entziehen. Zudem ist er sehr religiös, und die ganze Familie geht jeden Sonntag in die Kirche. Ich bin Atheist und möchte nicht, daß meine Kinder durch Religion in eine falsche Richtung gelenkt werden. Soll ich versuchen, das Sorgerecht zu bekommen? (Siehe Kapitel 11)

Wenn Sie mit solchen und ähnlichen Fragen konfrontiert sind, dann machen Sie sich klar, daß Sie die Antworten selbst finden müssen – das kann Ihnen niemand abnehmen. Dabei müssen Sie versuchen, die Bedürfnisse Ihrer Kinder so weit wie möglich zu berücksichtigen, gleichzeitig jedoch zu prüfen, ob und wie weit Sie selbst in der Lage sind, diesen Wünschen und Erwartungen auch zu entsprechen. Es liegt an Ihnen, dies gegeneinander abzuwägen und eine Entscheidung zu treffen.

Es ist natürlich durchaus denkbar, daß Sie nicht immer zuerst und vor allem an Ihre Kinder denken wollen. Wenn eine Ehe zu Ende geht, beginnt für beide Partner eine schwierige Zeit, vergleichbar vielleicht mit dem Tod des Partners oder, für die Kinder, mit dem Tod eines Elternteils. Ebenso wie der Tod setzt auch die Trennung keinen Schlußstrich unter die Beziehung; vielmehr ruft eine Trennung alte Erinnerungen wach und läßt die Vergangenheit in einem ganz neuen Licht erscheinen. Wie der Tod löst auch das Ende einer Ehe eine Vielzahl von Gefühlen aus – Schock, Verlustängste, Hilflosigkeit, Ärger, Wut, Trauer –, bis Sie schließlich die neue Situation akzeptieren können. Wahrscheinlich fühlen Sie sich einsam und alleingelassen, auch wenn Ihre Entscheidung für die Trennung Sie von einem unerträglichen Druck befreit und sich dadurch die Atmosphäre für Ihr Kind spürbar entspannt hat. Verstärkt wird dieses Gefühl der Einsamkeit oft noch dadurch, daß sich die Bindungen an die Familie Ihres Partners oder sogar an Ihre eigene Familie häufig lockern bzw. verändern, so daß Sie einen wichtigen Rückhalt verlieren. Auch müssen Sie damit rechnen, daß Freunde, von denen Sie sich Trost und Unterstützung versprachen, sich von Ihnen abwenden, weil sie auf der Seite Ihres Partners stehen oder weil sie mit dem von Ihnen gewählten Weg nicht einverstanden sind. Oder sie ziehen es vor, mit keinem von Ihnen den Kontakt zu halten, um nicht Partei ergreifen zu müssen; viele können es auch einfach nicht aushalten, Sie wütend und traurig zu erleben. Es bedeutet für Sie sicher eine enorme Belastung, mit diesen Erfahrungen fertig werden zu müssen und zur gleichen Zeit verständnisvoll und einfühlsam auf die Sorgen und Nöte Ihrer Kinder einzugehen. Auch wenn Ihnen das nicht immer gelingt, lassen Sie sich nicht entmutigen, und überfordern Sie sich nicht.

Unzählige Entscheidungen sind zu treffen, große und kleine, vor, während und nach der Trennung bzw. Scheidung. Wahrscheinlich erhalten Sie von den verschiedensten Seiten Tips, Ratschläge (erbetene und unerbetene) oder sogar Anweisungen. Vielleicht möchten Sie auch Ihre Sorgen im Zusammenhang mit Ihrer Trennung und Scheidung einem anderen Erwachsenen mitteilen und seinen Rat suchen – nicht nur, um Ihnen durch diese schwierige Zeit zu helfen, sondern auch, um Sie dafür zu sensibilisieren, was diese Erfahrungen wohl für Ihr Kind bedeuten, so daß Sie diesen Aspekt bei der Neuordnung Ihres Lebens angemessen berücksichtigen können. Wenn Sie sich zum Beispiel Sorgen um Ihr Kind machen, weil es schlecht schläft oder nicht essen will, können Sie Ihren Kinderarzt ansprechen, damit er Sie berät und gegebenenfalls beruhigt. Vielleicht gibt es in Ihrer Gemeinde eine Gruppe alleinerziehender Mütter und Väter oder eine Gesprächsgruppe nichtsorgeberechtigter Mütter und Väter. Die Teilnehmer an derartigen Gruppen mußten häufig ähnliche Erfahrungen machen wie Sie; sie können Ihnen Verständnis und Mitgefühl entgegenbringen und Ihnen praktische Vorschläge machen, um sich der neuen Situation besser gewachsen zu fühlen. Vielleicht ziehen Sie es aber auch vor, mit einem professionellen Berater zu sprechen – einem ausgebildeten Außenstehenden, dem Sie sich leichter anvertrauen können. Es besteht kein Anlaß, verlegen oder gar beschämt zu sein, wenn Sie nicht alleine zurechtkommen. Sich aktiv Hilfe zu suchen, wenn man sie nötig hat, kann ein Zeichen von Stärke und nicht von Schwäche sein.[3]

Natürlich ist all dies verwirrend und schafft leicht Konflikte, da bei derartigen Ratschlägen nicht immer klar ist, ob sie wirklich im Interesse der Kinder und der ganzen Familie sind oder ob sie die persönliche Meinung desjenigen widerspiegeln, der die Vorschläge macht. Sie sollten in dieser Situation darüber Bescheid wissen, welchen Einfluß Ihr Verhalten und alle Ihre Handlungen auf Ihre Kinder haben, weil Sie sonst vielleicht unüberlegt Entscheidungen treffen, die Sie später bereuen. Wir wollen Ihnen, der Mutter und dem Vater, denen es um das Wohlergehen Ihrer Kinder nach der Trennung geht, mit diesem Buch eine Orientierungshilfe geben, indem wir uns damit beschäftigen, wie ein Kind die

Trennung bzw. Scheidung seiner Eltern erlebt und wie diese Erfahrung sein weiteres Leben beeinflußt.

Der Prozeß des Heranwachsens verläuft für kein Kind ruhig und reibungslos, sondern ist immer begleitet von inneren – und häufig auch äußeren – Umwälzungen. Ihre Trennung macht diesen Prozeß für Ihre Kinder noch schwieriger und komplizierter. Auch wenn Sie ihnen jeglichen Schmerz ersparen möchten, können Sie doch nicht verhindern, daß Ihre Trennung in das Leben auch Ihrer Kinder eingreift und ihre weitere Entwicklung beeinflußt. Dabei ist es weniger entscheidend, ob die Trennung sich allmählich oder plötzlich vollzieht, ob in freundschaftlicher oder bitterer Atmosphäre, und ob die Kinder sich dabei von einem Elternteil entfremden oder nicht – obwohl natürlich all diese Faktoren zusammenwirken und sowohl die Art wie auch das Ausmaß der Beeinflussung teilweise mitbestimmen.[4] Diese ist leichter zu verstehen im Zusammenhang damit, was eine intakte Familie für das Leben eines Kindes[5] bedeutet und wie es das Auseinanderfallen dieser Familie erlebt. Das ist Thema des ersten Teiles unseres Buches. Im zweiten Teil beschäftigen wir uns mit dem eigentlichen Prozeß der Scheidung. Das Leben mit der Trennung und der Aufbau neuer familiärer Bindungen werden im dritten Teil behandelt. Unser Hauptinteresse besteht darin, Wege aufzuzeigen, wie Sie – die Eltern – Ihren Kindern dabei helfen können, die mit Ihrer Scheidung einhergehenden Probleme zu lösen und zu bewältigen.

Zunächst hatten wir vor, das Buch »Scheidung auf Familienart« zu nennen. Wir taten es nicht, weil dieser Titel zu unseriös klingt. Dennoch vermittelt er etwas davon, worum es uns im vorliegenden Buch geht: Es ist im Interesse der Kinder, wenn es ihren Eltern gelingt, die Scheidung wie eine Familienangelegenheit zu behandeln, das heißt: *Alle* – Eltern wie Kinder – sind davon betroffen und *alle* können und müssen ihren Teil zur Lösung des Problems beitragen.

# Erster Teil:
# Das Kind in der Familie

# 1. Der familiäre Rückhalt

Kinder sind keine kleinen Erwachsenen. Zwar ist ein gesundes Kind bereits mit allen Anlagen ausgestattet, die es braucht, um ein gesunder Erwachsener zu werden. Doch kann es diese nur bei angemessener Förderung durch seine Umgebung auch wirklich entfalten. Um überleben und wachsen zu können, braucht ein Säugling beständige körperliche Pflege. Aber da ein Kind keine Maschine, sondern ein menschliches Wesen ist, muß diese Aufgabe von einer erwachsenen Pflegeperson übernommen werden, die eine enge gefühlsmäßige Bindung an das Kind hat; nur so kann es wirklich gedeihen.

»Der kindliche Körper braucht Nahrung, Schutz und Pflege. Der Intellekt des Kindes muß stimuliert werden, aufmerksam gemacht werden für die Reize der Umgebung. Das Kind braucht Hilfe, seine inneren und äußeren Wahrnehmungen einzuordnen und zu verstehen. Es braucht Menschen, die seine Liebe empfangen und erwidern und sich seine negativen Äußerungen und Haßregungen gefallen lassen. Es braucht die aktive Stütze und Beteiligung der Erwachsenen, um sein primitives Triebleben (Sexualität und Aggression) in Schach zu halten und in sozial anerkannte Bahnen zu lenken. Seine spätere Ethik und Moral ist abhängig von den Vorbildern, die ihm in den frühen Jahren von den Eltern geboten werden. Vor allen Dingen braucht es das Gefühl, geschätzt, anerkannt und als vollwertiges Familienmitglied betrachtet zu werden. (...)

Die Regelung von Nahrungsaufnahme und Schlaf von seiten der Eltern gibt dem Säugling einen ersten Eindruck von Zeitablauf und Zeiteinteilung. Das Kind lernt, Aufschub und Versagung zu ertragen, indem es die Erfahrung macht, daß nicht alle seine Bedürfnisse jederzeit befriedigt werden. Lob und Tadel der Eltern bereiten den Boden für die erwachende Selbstkritik des Kindes sowie für seine allmählich zustandekommende Triebbeherrschung, die seinen Egoismus eindämmt und zu mehr Rücksichtnahme auf andere führt. Die soziale Einstellung der Eltern ist das Vorbild, mit dem das Kind sich identifiziert. Die Stellung in einer Geschwisterreihe fördert diese Anpassungen und vermittelt dem Kind die erste Erfahrung vom Leben in einer sozialen Gemeinschaft, in der gleiches Recht für alle gilt.«[6]

Wenn das Kind heranwächst, bietet ihm die Familie Sicherheit und Rückhalt auf seinem Weg zu körperlicher und emotionaler Reife. Hier wird es aufgefangen, wenn es bei seinen ersten Gehversuchen strauchelt oder fällt; hier wird es getröstet und ermuntert, es noch einmal zu versuchen. Bei seinen Eltern kann es Trost und Unterstützung erwarten, wenn es ihm nicht gelingt, mit seinen Bauklötzen einen Turm zu bauen oder Freunde zu finden. Sie geben ihm inneren Halt und reden ihm gut zu, es weiter zu versuchen. Auch wenn es seine Hausaufgaben nicht schafft, zu lange draußen bleibt oder frech zu seinen Eltern oder Lehrern ist, sind es die Eltern, die mit ihm schimpfen und es ermahnen, sich zu bessern.

Dem Jugendlichen bietet die Familie einen Ort der Sicherheit, an den er sich von Zeit zu Zeit zurückziehen kann. Hier wird er so angenommen, wie er ist, hier kann er auch einmal einen Schritt oder zwei zurück tun, wenn er seinem inneren Entwicklungsstand zu weit vorangeeilt ist. Vor allem aber erfährt er von seinen Eltern Liebe und Verständnis, »Nahrung« für sein Selbstgefühl, das er braucht, um wirklich erwachsen zu werden.

Wir zeichnen hier natürlich bewußt ein Idealbild der Familie und ihrer Bedeutung für das Kind, das man in der Wirklichkeit selten antrifft. Oft genug sind Eltern durch ihre eigenen Sorgen und Probleme so sehr in Anspruch genommen, daß sie es eben nicht immer schaffen, ihrem Kind die richtige Mischung aus Strenge und Lässigkeit entgegenzubringen. Auf der anderen Seite sind Eltern auch häufig enttäuscht darüber, wie ihr Kind auf ihre Liebe und die Erwartungen, die sie ihm gegenüber hegen, reagiert, und dies bleibt nicht ohne Einfluß auf ihr weiteres Verhalten dem Kind gegenüber. Doch trotz all ihrer Unvollkommenheit ist das, was wir heute als »Familie« bezeichnen – und wofür es in jedem Zeitalter und in jedem Kulturkreis eine andere Definition gab –, im Normalfall für Kinder die beste Umgebung, um gesund heranzuwachsen und sich gut zu entwickeln. Kinder, die von einer Pflegefamilie zur anderen wandern oder in Heimen ohne langfristige Beziehungen zu den sie betreuenden Erwachsenen aufwachsen, sind hier deutlich benachteiligt. Oft sind sie ihr Leben lang nicht in der Lage, enge Beziehungen zu anderen Menschen aufzubauen.[7] Auch wenn sich das Rollenverständnis von Mann und Frau in unserer Gesellschaft verändert – und das vielleicht rasanter als jemals zuvor –, so hat es in *einem* wichtigen Punkt keine Veränderung gegeben, der für alle Kinder vom Kleinkind- bis ins Jugendalter gilt: nämlich in ihrem Grundbedürfnis nach mindestens einer dauerhaften liebenden Bezugsperson.

Unsere Gesetze und sozialen Einrichtungen spiegeln insgesamt die Auffassung wider, daß die meisten Eltern trotz unvermeidlicher Unzulänglichkeit ihren Kindern die besten Ausgangsbedingungen schaffen, um zu relativ gesunden Erwachsenen heranzuwachsen, und daß unsere Gesellschaft keine gleichwertige Alternative bieten kann. Vorausgesetzt, daß sie ihre Kinder nicht verlassen, ernsthaft vernachlässigen oder mißhandeln, überläßt man es im allgemeinen ganz den Eltern, ihre Kinder nach ihrem eigenen Gutdünken großzuziehen. Die Freiheit der persönlichen Entscheidung in Familienangelegenheiten ist eines der Grundrechte, das verfassungsrechtlich garantiert wird (Art. 6 GG). Eltern sind verantwortlich für die tagtägliche Pflege und Betreuung ihrer Kinder und treffen für sie alle wesentlichen Entscheidungen. Staat und Gemeinden nehmen lediglich beobachtende und unterstützende Funktionen wahr; sie stellen Schulen, Krankenhäuser und Freizeiteinrichtungen zur Verfügung, sorgen für finanzielle Unterstützung und schützen vernachlässigte und mißhandelte Kinder. Dieses »Hände-weg«-Verhalten staatlicher Institutionen verstärkt noch das Gefühl von Geborgenheit bei den Kindern; sie vertrauen darauf, daß ihre Eltern schon für sie sorgen werden und daß kein Außenstehender sich einmischen kann.

Entschließen sich Eltern jedoch zur Scheidung, ändert sich das Bild. Vor allem, wenn sie untereinander zerstritten sind, mischen sich Außenstehende in das Leben ihrer Kinder ein. In vielen Fällen öffnet eine Scheidung Tür und Tor für Rechtsanwälte, Richter, Sozialarbeiter und andere Amtspersonen, die mit darüber zu befinden haben, wer für die Kinder sorgen soll und wie dies zu geschehen hat. Der Richter kann entscheiden, ob ein Kind bei Vater oder Mutter oder abwechselnd bei jedem von ihnen lebt (Aufenthaltsbestimmungsrecht), ob und wann der andere Elternteil Besuchsrecht hat und ob das Kind weiterhin mit seinen Geschwistern zusammen oder getrennt von ihnen leben soll. Glücklicherweise können Sie, trotz der Fülle von Gesetzen, Bestimmungen und Verordnungen, trotz der Amtspersonen und Kinderexperten, die bei Ihrer Scheidung ein Wort mitzureden haben, die Entscheidungen hinsichtlich des Sorgerechts mit beeinflussen, und zwar allein durch die Art und Weise, wie Sie bei Ihrer Scheidung vorgehen. Das ermöglicht Ihnen eine größere Kontrolle über Ihr eigenes Leben und das Ihres Kindes.

Alle Kinder brauchen ihre Eltern und erleben deshalb mit der Trennung eine ähnliche Situation des Umbruchs. Unsere Beobachtungen über den Einfluß einer Scheidung auf das kindliche Seelenleben lassen sich daher zu einem gewissen Grad verallgemeinern. Dies gibt uns Gelegenheit, Anregungen zu geben, wie Sie Ihr Kind gegen negative Auswirkungen Ihrer Scheidung wappnen und ihm helfen können, mit den unvermeidlichen Veränderungen in seinem Leben fertig zu werden.

## 2. Die Trennung aus der Sicht des Kindes

Das seelische Leben eines Kindes ist aufs engste verknüpft mit seiner körperlichen Entwicklung und den äußeren Umständen, unter denen es lebt. So findet sich beim Säugling und Kleinkind das emotionale Bedürfnis nach Mutter und Vater besonders stark ausgeprägt, weil es noch unfähig ist, selbst für seine körperlichen Bedürfnisse zu sorgen; andererseits kann es also auch körperlich nicht gedeihen, wenn zwischen ihm und seinen Eltern keine gefühlsmäßige Beziehung besteht.[8]

Eine Trennung der Eltern bleibt nicht ohne Auswirkungen darauf, wie das Kind normale, entwicklungsbedingte Konflikte verarbeitet und löst. Natürlich bestimmen Alter und Reifegrad des Kindes die Art und Weise, wie es dieses einschneidende Ereignis erlebt. Seine Reaktionen sind auch abhängig von seinen angeborenen Stärken und Verwundbarkeiten sowie von den Beziehungen in der Familie vor und nach der Trennung. Je nach den Verhältnissen wird ein Kind die Trennung von Vater und Mutter nicht als einmaliges Ereignis, sondern als eine Folge schleichender Veränderungen erleben, die abrupt oder schrittweise erfolgen und sich über einen längeren Zeitraum hinziehen.

Dieser Zeitraum, in dem sich eine Scheidung bereits ankündigt, wird uns in diesem und den folgenden Kapiteln beschäftigen. Dabei unterscheiden wir zwei Phasen, die einander häufig überlappen. Bei der ersten handelt es sich um den Konflikt der Partner und ihre Entfremdung, bei der zweiten um die eigentliche Trennung und ihre unmittelbaren Nachwirkungen.

## Vor der Trennung

Ein Kind spürt schon lange, bevor sich die Eltern endgültig trennen, daß etwas nicht stimmt. Ob sich Mutter und Vater nun mehr oder minder gewalttätig streiten, einander bloß noch beleidigt anschweigen oder ob das Kind Zeuge von Weinkrämpfen und Wutanfällen wird – an all dem spürt es die offene oder unterschwellige Spannung. Ein Abgrund des Schweigens kann sich zwischen den beiden Partnern auftun, während sie anfangen, jeder für sich sein eigenes Leben zu führen.

Streiten sich die Eltern lautstark oder gewalttätig, zeigt sich ihr Konflikt ganz offensichtlich. Doch auch, wenn das nicht der Fall ist, und auch dann, wenn die Eltern dem Kind gar nichts sagen, bekommt das Kind mit, daß etwas nicht stimmt. Egal wie alt es ist – die ständigen Spannungen zwischen den Eltern machen ihm angst, auch und gerade dann, wenn es gar nicht weiß, worum es geht. Oft bedarf es dazu noch nicht einmal einer atmosphärischen Veränderung: Manches Kind hat nie eine familiäre Umgebung erlebt, in der die Eltern nicht gegeneinander gekämpft und in entgegengesetzte Richtungen gezogen hätten. Erwachsene denken häufig, ihr Kind werde von den Konflikten nichts bemerken, wenn sie diese einfach nicht erwähnen, wenn sie nur heimlich weinen und Auseinandersetzungen nur hinter verschlossenen Türen austragen. Damit machen sie sich jedoch etwas vor. Worte sind gar nicht nötig, um ein Kind zu verunsichern, wenn es die elterlichen Spannungen doch unmittelbar erlebt. Ebenso bedarf es ja auch keiner Worte, einem Kind zu vermitteln, daß Mutter und Vater sich lieben; das spürt es von selbst und fühlt sich sicher und geborgen. Stillende Mütter wissen, daß ihre Milch schlechter fließt, wenn sie unausgeglichen sind, als dann, wenn sie sich ruhig und entspannt fühlen, und Mütter wie Väter machen oft die Erfahrung, daß sie ihr unruhiges Kind schlechter besänftigen können, wenn sie selbst gereizt oder unglücklich sind. Bei allem Bemühen, ihre wahren Gefühle zu verheimlichen, gibt es zwischen Eltern und Kindern doch eine nicht-verbale, eindeutige Art der Verständigung. Wenn also Ehepartner, deren Beziehung nicht mehr glücklich ist, sich zur Scheidung entschließen, um den zwischen ihnen bestehenden Spannungen ein Ende zu bereiten, dann können sie sicher sein, daß ihr Kind bereits im Vorfeld etwas davon ahnt. Unabhängig von seinem Alter und seinen bisherigen Erfahrungen mit solchen Spannungen wird es spüren, daß etwas nicht in Ordnung ist, und voller Angst die beunruhigenden Veränderungen registrieren, die im Gange sind.

## Wenn ein Elternteil auszieht

Für ein Kind, das daran gewöhnt war, mit beiden Elternteilen zusammenzuwohnen, die ihm noch dazu viel Zeit widmeten, bedeutet die tatsächliche Trennung eine dramatische Veränderung. Mag die Atmosphäre vorher auch oft angespannt gewesen sein – immerhin gab es immer zwei Ansprechpartner, während nun nur noch einer da ist. Erst ganz allmählich dringt dem Kind die Endgültigkeit des Auszugs von Vater bzw. Mutter ins Bewußtsein. Selbst dann, wenn ihm gesagt wurde, daß es sich um eine Trennung für immer handelt, kann ein Kind diese Mitteilung oft lange nicht begreifen oder will sie ganz einfach nicht wahrhaben, weil sie zu schmerzhaft ist. Hat man das Kind dagegen nicht über die neue Situation aufgeklärt, kann es sein, daß es die Abwesenheit des Vaters nicht anders erlebt, als wenn dieser früher eine Geschäftsreise machte oder Verwandte oder Freunde besuchte. War seine Mutter bereits bei früheren Gelegenheiten nach einem Streit häufig aus dem Haus gestürzt, um dann aber nach einigen Tagen wieder zurückzukommen, wird es nun einige Zeit dauern, bis das Kind erkennt, daß sie dieses Mal nicht wiederkommen wird.

Hat das Kind aber erst einmal die Endgültigkeit des Auszugs von Mutter bzw. Vater begriffen, so bringt diese Erkenntnis eine Fülle beunruhigender und schmerzhafter Gefühle mit sich – sieht man einmal von den Fällen ab, in denen der betreffende Elternteil ohnehin am Familienleben kaum teilgenommen hatte. Zwar erleichtert das Nachlassen der Konflikte und Spannungen alle Beteiligten und bewirkt eine gewisse Entlastung, die alle dringend benötigen; das Kind aber wird in einen Strudel von Gefühlen gerissen, reagiert verwirrt, bestürzt und angstvoll. Seine tiefe Sicherheit, die im Zusammenleben mit beiden Eltern ihre Grundfesten hatte, ist erschüttert worden.

Unabhängig von seinem Alter fragt sich jedes Kind in einer solchen Situation, was wohl als nächstes passieren wird. Ein Kind unter sieben oder acht Jahren muß sich dabei besonders hilflos fühlen. Es kann noch nicht verstehen, daß die Trennung seiner Eltern notwendig war und daß dieser Schritt, der jetzt so sehr schmerzt, letztendlich allen zugute kommen wird. Weil es noch nicht versteht, warum Mutter oder Vater ausgezogen ist, hat es jetzt vielleicht Angst davor, selber weggeschickt oder ganz alleine gelassen zu werden. Was vor der Trennung noch außerhalb seines Vorstellungsvermögens lag – nämlich daß ein Elternteil fortgehen könnte –, ist nun tatsächlich eingetreten. Wie kann es sicher sein, daß ihm so etwas nicht noch einmal zustößt?

Für einen Säugling oder ein Kleinkind ist die Angst vor einer Trennung und davor, verlassen zu werden, riesengroß, alles beherrschend und namenlos. Anders verhält es sich beim Schulkind, dessen Angst sich konkret darauf richtet, zukünftig auf den elterlichen Beistand, regelmäßige Mahlzeiten und andere körperliche Zuwendungen verzichten zu müssen. Zwar ist es alt genug, um zu wissen, daß es auf diese Leistungen angewiesen ist, doch es ist noch nicht in der Lage, sich selbst zu versorgen. Auch wenn ein Kind nicht die konkrete Sorge hat, vom anderen Elternteil nun auch noch verlassen zu werden, wird es vielleicht geplagt von Gedanken an andere furchtbare Dinge, die passieren könnten. Hat sein Vertrauen in die absolute Sicherheit erst einmal einen Riß bekommen, so läßt sich dieser nicht so einfach wieder kitten. Wer schwer krank war, gewinnt ja auch nicht sofort unerschütterlichen Glauben an seine Gesundheit wieder. Und bevor Sie Ihr Kind zu beschwichtigen versuchen, weil es sich scheinbar so wirklichkeitsfremd und unbegründet um ausreichenden Schutz, um Essen und um Kleidung sorgt, bedenken Sie, daß dies vielleicht nur seine Art ist, seine Sehnsucht nach Sicherheit zu zeigen.

Der Jugendliche ist weniger abhängig von den Eltern, was sein körperliches Wohlergehen anbetrifft; finanziell und gefühlsmäßig bleibt er aber weiter an sie gebunden. Sein oft zur Schau gestelltes entschiedenes Auftreten, sein Aufbegehren gegen die Kontrollen von Vater und Mutter gehören zum Prozeß der Abnabelung, und sie sind notwendig, damit er selbst erwachsen wird. Eltern haben häufig das Gefühl, daß ihr heranwachsendes Kind sich nichts sehnlicher wünscht, als sie endlich loszuwerden, um sich ihrer Kontrolle zu entledigen. Dies ist ein notwendiger Entwicklungsschritt, wenn er auch viele ärgerliche Begleiterscheinungen mit sich bringt. Doch kann dieser ohnehin mühsame Weg zu einer wirklichen erwachsenen Unabhängigkeit für den Jugendlichen erschwert werden, wenn nicht er selbst, sondern *seine Eltern* die Trennung begehren – wenn diese also, statt weiter ein zwar heftiger, aber heimlicher Wunsch zu bleiben, zum Faktum wird, noch bevor der Heranwachsende dazu eigentlich bereit ist. So kann es geschehen, daß er durch die Trennung seiner Eltern nicht mehr an die Erfüllung seiner eigenen Wünsche für die Zukunft glaubt und seine Hoffnungen bereits vorzeitig begräbt.

## Schmerz, Wut und Schuld

Von Vater oder Mutter getrennt zu werden, tut jedem Kind weh und erfüllt es mit Wut. Ähnliche Gefühle entstehen beim Tod eines Elternteils, allerdings unterscheiden sich der Verlust durch Trennung und der Verlust durch Tod in einem gravierenden Punkt: Stirbt in der Familie ein Mensch, so kann jeder seine Trauer offen zeigen; denn dieser Verlust ist offensichtlich und wird von allen als solcher anerkannt. Trauer aber, so sehr sie auch schmerzt, leitet bereits einen Heilungsprozeß ein. Sie drückt die Erkenntnis aus, daß der Mensch, den man verloren hat, nie mehr zurückkehren wird. Auch durch die Trennung von einem Elternteil erlebt das Kind einen schweren Verlust, dessen Endgültigkeit jedoch selbst seine Eltern oft gar nicht erkennen oder wahrhaben wollen. Dadurch nehmen sie ihrem Kind die Möglichkeit, offen zu trauern, und damit die Chance einer baldigen Heilung. Hinzu kommt, daß sie selber über die Trennung vielleicht eher erleichtert sind und ihre Freude über die wiedergewonnene Freiheit, die das Kind nicht teilen kann, ungeniert ausdrücken. Oder, wenn sie an der Trennung leiden, tun sie dies oft nur im stillen und schließen damit ihr Kind von einem wesentlichen Teil ihres Lebens und Erlebens aus.

In die Trauer um einen geliebten Menschen, den man verloren hat, mischt sich häufig auch Wut, die sich jedoch kaum jemand eingesteht. Dabei ist diese Reaktion verständlich, fühlt man sich doch ohne den Verstorbenen oft nicht nur einsam, sondern auch von ihm im Stich gelassen. Ebenso kann Wut ein bestimmendes Moment in den Empfindungen eines Kindes darstellen, dessen Eltern sich getrennt haben. Vielleicht reagiert es mit Verbitterung auf den vermeintlichen »Verrat« des Elternteils, der weggegangen ist, und lehnt gleichzeitig den zurückbleibenden Elternteil dafür ab, daß er dies offensichtlich zugelassen oder sogar unterstützt hat. Auf diese Weise werden Liebe und Loyalität des Kindes beiden Eltern gegenüber auf eine harte Probe gestellt.

Und als wären Traurigkeit, Schmerz und Wut über die Trennung nicht schon schwer genug zu ertragen, glaubt ein Kind darüber hinaus oft noch, selbst die Schuld oder zumindest eine Mitschuld an der Trennung zu tragen. Aus vielen Märchen – und Märchen hinterlassen, wie wir wissen, nachhaltigen Eindruck auf ein Kind – weiß es, daß am Ende meistens die Guten belohnt und die Bösen bestraft werden. Solche Geschichten spiegeln die innerseelischen Vorgänge insbesondere sehr kleiner Kinder recht genau wider. Sie fühlen sich völlig hilflos und allmächtig zugleich. Hilflos deshalb, weil sie in hohem Maße auf ihre Eltern angewiesen sind, ohne deren Hilfe schließlich weder für ihre Mahlzeiten noch für eine Wohnung oder für Bekleidung gesorgt wäre. Aber sie fühlen sich auch allmächtig, weil ihre intensiven Gefühle – heftiger Zorn oder schmerzendes Verlangen – eine eigene Realität haben: In seiner Vorstellungswelt kann ein kleines Kind Einfluß auf andere Menschen nehmen. Doch es erlebt seine eigene Macht als nicht kontrollierbar und daher beängstigend, scheint es doch möglich, daß sein Zorn, seine Wünsche und sein Verhalten schließlich bewirkt haben, daß sein Vater bzw. seine Mutter ausgezogen ist. Wenn also zum Beispiel ein kleines Mädchen seine Eltern oft dadurch zur Verzweiflung gebracht hat, daß es abends nicht ins Bett gehen wollte, kann dieses Kind die Trennung seiner Eltern mit seinem Ungehorsam in Zusammenhang bringen und sie als wohlverdiente Strafe dafür ansehen. Vielleicht verspricht es, von nun an immer brav ins Bett zu gehen, wenn nur die Mama zurückkommt.

Mit anderen Worten: Es ist völlig normal, daß ein Kind im Verlauf seiner Entwicklung zeitweise feindselige Gefühle seinen Eltern gegenüber erlebt. Vielleicht hat das kleine Mädchen früher einmal den Wunsch verspürt, daß seine Mutter weggehen solle, um seinen Vater ganz für sich allein zu haben. Werden solche Wünsche scheinbar wahr, fühlt sich das Kind natürlich dafür verantwortlich, weil es noch nicht den entscheidenden Unterschied zwischen dem Wunsch, etwas zu bewirken, und dem tatsächlichen Tun begreift. Es fühlt sich wie die Hauptfigur in dem Märchen »Die drei Wünsche«, in dem eine gute Fee einem unglücklichen Menschen die Erfüllung dreier Wünsche verspricht. Dieser ist zunächst sehr erfreut darüber, muß aber schließlich nach der Erfüllung der ersten zwei Wünsche seinen dritten dazu benutzen, die fatalen Folgen der ersten beiden Wünsche wieder rückgängig zu machen. Doch das Leben ist kein Märchen, und der Wunsch eines Kindes, die Trennung seiner Eltern rückgängig machen zu können, ist in den meisten Fällen unerfüllbar.

## Die Komplexität kindlichen Verhaltens

Ein Kind kann auf mancherlei Weise zum Ausdruck bringen, wie verletzt es sich fühlt. Eine Möglichkeit besteht darin, depressiv zu werden und so seine Hilflosigkeit zum Ausdruck zu bringen. Wenn es sich aber nicht erlauben kann, seinen Schmerz direkt auszuleben, so bleibt ihm oft keine andere Wahl, als indirekt, etwa mit Verhaltensauffälligkeiten, zu reagieren. So lassen sich Schlaf- und Eßstörungen oder eine verzögerte körperliche Entwicklung des Säuglings durchaus als Zeichen seines grenzenlosen Gefühls von Verlassenheit und Enttäuschung verstehen. Das Schulkind, das sich Gedanken darüber macht, wer es nach der Trennung versorgen wird, kann diese angstvollen Gefühle dadurch zum Ausdruck bringen, daß es plötzlich für Krankheiten anfällig wird oder sich in der Schule verschlechtert. Der Teenager, der feststellen muß, daß er in seiner Familie nicht mehr den Rückhalt hat, den er für selbstverständlich hielt, das »Sicherheitsnetz« für seine zahlreichen jugendlichen Purzelbäume, ist zutiefst verunsichert. Aus diesem Gefühl heraus kann er sich plötzlich unsozial verhalten, sogar kriminelle Handlungen begehen oder auf einmal einen hektischen Drang nach Geselligkeit an den Tag legen bzw. sich allzu frühzeitig sexuell betätigen. All dies zeigt auf dramatische Weise, wie der Jugendliche auf das Gefühl reagiert, betrogen, ausgeschlossen und machtlos zu sein. Ein solches Verhalten läßt sich auch verstehen als Schrei nach Zuwendung und nach Bestätigung seiner Männlichkeit bzw., beim Mädchen, ihrer Weiblichkeit.

Die gleichen Verhaltensstörungen haben natürlich je nach Alter des Kindes eine unterschiedliche Bedeutung; will man sie beurteilen, ist einerseits die Intensität des unerwünschten Verhaltens zu berücksichtigen und andererseits danach zu fragen, welche Schlüsse auf seine weitere Entwicklung es zuläßt. So ist beispielsweise erneutes Bettnässen beim Fünfjährigen nicht so alarmierend wie beim Zwölfjährigen. Und wenn ein Dreijähriger einen Schokoladenriegel mitgehen läßt, so ist das weniger besorgniserregend als der Ladendiebstahl eines Teenagers. Außerdem sollte man sich davor hüten, jedes auffällige Verhalten gleich als pathologisch anzusehen. Genausowenig ist aber auch jedes »gute« Benehmen notwendigerweise ein positives Zeichen. Aus dem, was ein Kind tut oder sagt, läßt sich nicht immer klar schließen, wie nahe ihm bestimmte Ereignisse gehen, ob sie sich nun in einer intakten Familie ereignen oder in einer Scheidungsfamilie.

So kann es Eltern beispielsweise passieren, daß sie bei ihrer Rückkehr aus dem Urlaub ihr Kind, das sie in dieser Zeit bei der Großmutter gelassen haben, ungehorsam, frech oder so maßlos in seinen Forderungen wieder antreffen, daß sie es bedauern, überhaupt weggefahren zu sein. Das ist besonders dann ärgerlich, wenn die Großmutter ihrerseits erzählt, daß sich das Kind während der Abwesenheit der Eltern wie ein Engel verhalten und sie überhaupt keine Schwierigkeiten mit ihm gehabt habe. Daraus sollten Eltern jedoch nicht schließen, daß ihr Kind während ihrer Abwesenheit glücklicher war als nach ihrer Rückkehr. Vielmehr sollten sie versuchen, das Verhalten des Kindes als eine Art Rache für ihr Weggehen zu verstehen. Eine Rache, die es erst jetzt, im sicheren Wissen, daß die Eltern ja wieder zurückgekehrt sind, nehmen kann.

Wenn ein krankes Kind in der Klinik Besuch von seinen Eltern erhält, ist es reizbarer und weinerlicher als ohne sie. Auch die Schwestern kommen leichter mit ihm zurecht, wenn kein Besuch da ist. Das heißt aber nicht, daß es nicht sehnsüchtig auf seine Eltern wartet; im Gegenteil, es braucht sie sogar notwendig. Die meisten Eltern wissen wahrscheinlich intuitiv, wie elend und allein sich ihr Kind gefühlt hat, als sie nicht da waren, und lassen sich durch sein Verhalten gar nicht erst irreführen.

Kleine Kinder drohen manchmal in einem Anflug von Wut, sie würden von zu Hause weglaufen und nie mehr wiederkommen; gelegentlich machen sie diese Drohung sogar wahr. Aber nur die wenigsten Mütter und Väter sind in so einem Fall ernsthaft besorgt; die meisten sind sich sicher, daß ihr Kind binnen kurzem zurückkommen wird. Schließlich ist jedem Kind im Grunde seines Herzens klar, daß es seine Eltern braucht und daß es sich auch, wenn es darauf ankommt, auf sie verlassen kann. Vielleicht amüsieren sich Eltern auch insgeheim über den erstaunten und doch ein wenig enttäuschten Blick ihres Kindes, wenn sie ihm mit gespieltem Ernst anbieten, seine Sachen zu packen und ihm ein Butterbrot für unterwegs zu bereiten, damit es möglichst bald aufbrechen kann.

Ähnliches gilt, wenn ein kleiner Junge, dessen Vater gerade die Familie verlassen hat, seine Mutter mit den Worten zu trösten versucht: »Mach Dir keine Sorgen, Mama, ich paß' schon auf Dich auf!« Dies ist beileibe nicht wörtlich zu nehmen und heißt nicht, daß er wirklich glaubt, für seine Mutter sorgen zu können. Und wenn schließlich ein Kind nach der Scheidung seiner Eltern sich ungewöhnlich brav benimmt und ihnen ohne Widerworte gehorcht, beweist dies nicht, daß es erleichtert ist über die Scheidung und zufrieden mit der neuen Situation. Seine Liebenswürdigkeit und Sanftmut sind vielleicht nur Ausdruck seiner Angst, alleingelassen oder weggeschickt zu werden, oder auch der Hoffnung, für sein gutes Benehmen irgendwann einmal mit der Rückkehr des abwesenden Elternteils belohnt zu werden.

## Kann Trennung auch gut für ein Kind sein?

Es gibt Stimmen, die behaupten, daß eine Trennung im Interesse des Kindes sei, wenn sie eine unerträglich gewordene konfliktreiche Situation beendet. Ein Kind mit einem Zuhause, das von Zank und Streit geprägt ist, hat es schwer, ein sicheres Vertrauensverhältnis aufzubauen, und bekommt ein verzerrtes Bild davon, wie Menschen in einer langfristigen Beziehung miteinander umgehen. Folgt man dieser Logik, so scheint es für das Kind tatsächlich besser, in Ruhe mit einem Elternteil als gefühlsmäßig entzweit mit beiden Eltern zusammenzuleben. Doch dieser Gedankengang vereinfacht die Situation erheblich und in unzulässiger Weise. Schließlich stellt das Zerbrechen des familiären Gefüges für jedes Kind eine der größten Bedrohungen seines Sicherheitsgefühls dar. Und wenn es unter dem elterlichen Zwist leidet und offensichtlich bedrückt und beunruhigt ist, so geschieht dies zum Teil auch deshalb, weil es einen Bruch der Familie vorausahnt und fürchtet. Daraus folgt aber nicht, daß es etwa das Wahrwerden seiner Ängste leichter ertragen kann als ihr weiteres Fortdauern. Vielmehr kann sich ein Kind unter Umständen sogar an die Auseinandersetzungen, Konflikte und Spannungen gewöhnen, die die streitenden Eltern immer wieder heraufbeschwören, so daß es – wenn die Eltern sich dann schließlich trennen – nicht nur den einen Elternteil vermißt, sondern auch die Spannungen, die sich tagtäglich aufgebaut und in einem ehelichen Streit wieder entladen haben. Dieses Kind sieht die Vorteile, nun nicht mehr in einer von Zank und Unglücklichsein geprägten Familie zu leben, nicht unbedingt gleich ein. Unmittelbar erleben wird es vielmehr das Auseinanderbrechen der Familie – für das Kind eine Katastrophe, eine massive Bedrohung, die all das zerstört, in das es im Laufe der Zeit sein Vertrauen gesetzt hat, und die die Kontinuität der einzigen ihm bislang bekannten Lebensform unterbricht.

Was Sie tun können, um Ihrem Kind in dieser schwierigen Zeit seines Lebens zu helfen, hängt natürlich ganz von Ihren persönlichen Lebensumständen und Einstellungen ab. Folgten Sie lediglich den Ratschlägen eines Buches (dieses übrigens eingeschlossen) und verhielten sich dabei auf eine für Sie unnatürliche Weise, würde Ihr Kind davon sicher nicht profitieren. Besser ist es, Ihrer Intuition und Erfahrung hinsichtlich seiner und Ihrer eigenen Bedürfnisse zu folgen und weiter in der gewohnten Weise auf Ihr Kind einzugehen. Auch sollten Sie nicht versuchen, allzusehr in seine Gefühlswelt einzudringen oder sein Verhalten psychologisch zu interpretieren. Wenn Sie hingegen wach und aufmerksam sind und sich bemühen, die Trennung und Scheidung mit den Augen Ihres Kindes zu sehen, kann Ihnen dies schon die richtige Richtung weisen. Vielleicht gelingt es Ihnen dadurch, die Probleme auf ein Mindestmaß zu verringern und Komplikationen zu vermeiden, die deshalb entstehen, weil Ihr Kind sich mit allen Kräften bemüht, eine Situation zu meistern, über die es keine Kontrolle besitzt und die doch einen bedeutenden Umbruch in seinem Leben darstellt.

# 3. Wie sag ich's meinem Kind?

## Am besten ehrlich …

Sie sollten Ihrem Kind nichts vormachen. Wenn Sie es belügen, verwirren Sie es nur, und das Ergebnis ist, daß es Ihnen nicht mehr vertraut. Auf der anderen Seite sollten Sie aber auch nicht Ihre ehelichen Probleme in allen Einzelheiten vor Ihrem Kind ausbreiten, wenn es nicht von selbst danach fragt. Wenn es aber Fragen stellt, bemühen Sie sich darum, ehrlich zu sein, und geben Sie nicht vor, alles sei in Ordnung, wenn das Gegenteil der Fall ist. Jedes Kind will in einer solchen Situation wissen, was eigentlich vorgeht, und alle seine Fragen verdienen eine klare und ehrliche Antwort: daß nämlich seine Eltern sich nicht mehr gut verstehen. Insbesondere bei älteren Kindern weckt diese offene Antwort vielleicht Unruhe und Ängste und erstmals den Gedanken an eine Trennung – dies möglicherweise noch bevor Sie selbst ernsthaft an diese Lösung denken. Schließlich weiß ein Kind heutzutage aus dem Fernsehen oder der Zeitung oder durch entsprechende Erfahrungen bei Freunden von der Möglichkeit einer Scheidung.

Deshalb ist es besonders wichtig, das Kind jetzt nicht alleinzulassen mit seinen unklaren Vorstellungen darüber, was zwischen seinen Eltern vorgeht, sondern ihm die Gelegenheit zu geben, offen mit Ihnen über seine Sorgen und Ängste zu sprechen. Es ist für ein Kind sehr schwierig zu ertragen, wenn es Spannungen und Unstimmigkeiten in seiner nahen Umgebung deutlich spürt, ihm aber gleichzeitig vermittelt wird, daß es besser nichts darüber sagen und am besten nichts davon bemerken soll. Ein Kind, das glauben muß, seinen eigenen Wahrnehmungen nicht mehr trauen zu können, wird eigene Erklärungen für diese verwirrenden Vorgänge suchen, die dann oft noch beunruhigender und beängstigender sind als die ohnehin schon schlimme Wirklichkeit. Hat es zum Beispiel bereits früher Krankheit und Sterben seiner Großeltern miterlebt, dann könnte es sich vorstellen, einer von Ihnen oder es selbst leide an einer unheilbaren Krankheit, und dies sei der Grund dafür, daß alle in der Familie mit einem so langen Gesicht herumlaufen. Diese seiner kindlichen Phantasie entsprungene Angst wird vielleicht noch genährt durch einen an sich völlig harmlosen Arzttermin, durch die Kopfschmerzen, die seine Mutter vorschützt, um sich im Schlafzimmer einschließen zu können, oder durch die Magentabletten, die sein Vater neuerdings einnimmt. Namenlose Furcht und Ungewißheit sind für ein Kind schwerer auszuhalten als die ungeschminkte Wahrheit, egal, wie unangenehm diese auch sein mag.

Spätestens dann, wenn Sie sich endgültig für eine Trennung entschieden haben und wenn feststeht, wer von Ihnen beiden auszieht und wer bleibt, sollten Sie behutsam damit anfangen, Ihr Kind aufzuklären. Es muß verstehen und am besten auch akzeptieren – nur so kann es die Trennung mit all ihren Konsequenzen verarbeiten –, daß seine Eltern sich trennen wollen und daß diese Entscheidung endgültig ist. Das ist schwer genug.

Sie sollten es also nicht noch unnötig belügen und ihm etwa erzählen, daß Papa eine lange Dienstreise macht oder daß Mama für eine Weile die Oma besucht, weil diese sich so einsam fühlt. Selbst wenn Ihr Kind noch sehr klein ist, kann es die Wahrheit verkraften, und es ist ratsam, ihm genau zu erklären, wozu Sie und Ihr Partner sich entschieden haben, wer wann auszieht und daß dies eine Veränderung für immer bedeutet. Auch wenn es vielleicht den Sinn Ihrer Worte kaum oder noch gar nicht versteht, wird ihm doch Ihr Tonfall, der Klang Ihrer Stimme, ein Kuß, eine Umarmung, die Ihre Worte begleitet, die Botschaft übermitteln, daß etwas sehr Bedeutendes passiert, und ihm zugleich die Gewißheit geben, daß einer von Ihnen beiden bei ihm bleiben wird.

Dies ist deshalb so wichtig, weil ein kleines Kind sich schon getäuscht und verunsichert fühlt, wenn seine Eltern abends einmal weggehen, ohne ihm Bescheid zu sagen. Wieviel stärker wird dann erst sein Gefühl der (Ent-)Täuschung sein, wenn Mutter bzw. Vater gleichsam hinter seinem Rücken plant, für immer wegzugehen.

Es kann nun sein, daß das Kind darauf beharrt zu glauben, der abwesende Elternteil werde bestimmt eines Tages zurückkommen. Dieses sollten Sie nicht noch unterstützen und seinen Illusionen neue Nahrung geben, indem Sie Ihr Kind belügen. Aber

Sie sollten sich auch davor hüten, ihm von sich aus die Wahrheit aufzuzwingen, ob es sie hören will oder nicht. Offen zu sein und Ihrem Kind nichts vorzutäuschen bedeutet also nicht, es mit einem Wust von Informationen zu überschütten, um die es gar nicht gebeten hat und die ihm nur unnötiges Leid zufügen. Die Wahl eines geeigneten Zeitpunkts und die Art und Weise, wie Sie Ihrem Kind die Wahrheit sagen, entscheiden darüber, ob diese Aufklärung hilfreich für Ihr Kind ist oder es eher erdrückt und überfordert.

Sie müssen ihm auch nicht alles sagen, sondern können Einzelheiten weglassen, von denen Sie glauben, daß Ihr Kind sie noch nicht verarbeiten kann, oder die ihm unnötig weh tun würden. Natürlich gibt es keine klare Grenzlinie zwischen dem, was Sie sagen, und dem, was Sie besser verschweigen sollten. Achten Sie statt dessen auf Signale Ihres Kindes, die Ihnen Aufschluß darüber geben können, was es wirklich wissen will. Sie sollten sich andererseits aber auch darüber im klaren sein, daß Sie Ihrem Kind nicht jeglichen Schmerz ersparen können. Wenn also Ihr achtjähriger Sohn Sie zum Beispiel fragt: »Warum wollen Papa und du nicht mehr zusammenleben?«, so kann eine ehrliche Antwort – »Weil wir uns nicht mehr lieben« – Ihren Sohn mehr schmerzen als die Trennung an sich. Wie kann er darauf vertrauen, daß seine Eltern *ihn* weiterhin lieben, wenn sie selbst offenbar nicht in der Lage waren, sich gegenseitig immer zu lieben? Statt dieser Antwort könnten Sie aber auch angeben: »Weil wir unglücklich sind, wenn wir zusammenleben«, und vielleicht würde er dann aufhören, weiterzufragen. Insistiert er aber – »Warum seid Ihr denn unglücklich« –, dann sollten Sie ehrlich antworten. Nicht Ihre Worte, sondern die Tatsachen tun ihm weh. Seinen Fragen auszuweichen oder ihn anzulügen würde nicht helfen. Was Sie tun können, ist, einfühlsam auf seinen Schmerz einzugehen und ihm weiterhin deutlich zu zeigen, wie sehr Sie ihn liebhaben.

## ... auch wenn's schwierig ist

Es ist viel damit erreicht, wenn es Ihnen als Eltern gelingt, gemeinsam mit Ihrem Kind darüber zu sprechen, wie es um Sie beide steht und welche Entscheidungen zu treffen sind. Ein Kind reagiert erleichtert, wenn es sieht, daß zwischen seinen Eltern zumindest Einigkeit darüber besteht, wie sie mit ihm über seine Zukunft reden. Es gerät dann angesichts Ihrer Eröffnungen weniger aus dem Gleichgewicht.

Nun kann es aber sein, daß es Ihnen zu schwer fällt, so vorzugehen, weil vielleicht schon der gemeinsame Aufenthalt im selben Zimmer zu Streitigkeiten und gegenseitigen Anschuldigungen zwischen Ihnen und Ihrem Partner führt, und Sie möchten nicht, daß Ihr Kind dieses miterleben muß. In einem solchen Fall ist es hilfreich und ratsam, sich wenigstens im voraus darüber zu einigen, was Sie dem Kind sagen wollen. Wenn beispielsweise Sie, die Mutter, Ihrer heranwachsenden Tochter erzählen wollen, daß Ihr Vater die Familie verläßt, weil er sich in eine jüngere Frau verliebt hat, haben Sie, der Vater, sicher auch den Wunsch, Ihrer Tochter Ihre Sichtweise näherzubringen; oder aber Sie entscheiden sich dafür, ihr nur zu sagen, daß Sie Schwierigkeiten miteinander haben, ohne dabei allzusehr ins Detail zu gehen. Sollte sie daraufhin aber genauer nachfragen, ob sich einer von Ihnen vielleicht in jemand anderen verliebt habe, dann werden Sie ihr vermutlich nicht länger verschweigen wollen, daß ihr Vater eine Freundin hat.

Es ist gut möglich, daß Sie verbittert und böse aufeinander sind in der festen Überzeugung, daß der jeweilige Partner für das Scheitern der Ehe verantwortlich ist. Es kann auch sein, daß sich einer von Ihnen schuldig fühlt und der andere, der sich im Recht wähnt, ziemlich wütend auf den Partner ist. Dann geschieht es oft, daß das Kind für einen von Ihnen Partei ergreift, ohne daß Sie es bewußt beeinflußt hätten. Es tut dies einfach aufgrund seiner – natürlich nicht immer richtigen – Schlußfolgerungen aus den Beobachtungen Ihres Verhaltens. Doch oftmals wird es dabei von Gewissensbissen geplagt; schließlich liebt es normalerweise Sie beide. Deshalb können Sie ihm sehr helfen, wenn Sie sich bemühen, sich Ihre Verbitterung und Ihren Zorn aufeinander nicht allzusehr anmerken zu lassen, wenn Sie mit Ihrem Kind über die Scheidung sprechen.

Natürlich ist es extrem schwierig, wenn nicht gar unmöglich, sich in dieser Weise zu beherrschen, zumal Sie selbst sich ja gerade in einer schweren Krise befinden. Vielleicht kommt es so weit, daß einer von Ihnen seine Zurückhaltung aufgibt und das Kind teilhaben läßt an seinem Ärger und seiner Wut – ganz bewußt oder weil er es einfach nicht mehr aushält. Sie sind schließlich nicht nur Eltern, sondern auch Personen mit eigenen Bedürfnissen und Gefühlen, und Sie sollten wissen, daß Ihr Kind diese Realität ertragen kann.

Sollte es Ihnen aber dennoch gelingen, genügend Distanz zu Ihren eigenen Kränkungen zu bewahren und den anderen bzw. die andere in erster Linie als Vater bzw. Mutter Ihres Kindes zu sehen und nicht nur als enttäuschenden Partner, dann erleichtern Sie Ihrem Kind vieles und lassen es die Situation besser ertragen. Dabei ist es besonders wichtig, Ihr Kind spüren zu lassen und ihm die Gewißheit zu geben, daß es Sie beide weiter liebhaben kann, ohne den anderen vor den Kopf zu stoßen.

## Was man sagen soll

In jedem Alter brauchen Kinder Gewißheit über ihre Zukunft. Was Sie allerdings Ihrem Kind im einzelnen sagen, hängt von seinem Alter ebenso ab wie davon, was *ihm* besonders wichtig ist. Für Ihren dreijährigen Sohn mag es besonders wichtig sein zu wissen, daß jetzt, wo seine Mutter fortgeht, sein Vater ihm jeden Abend seine Gutenachtgeschichte vorliest. Ihre 14jährige Tochter braucht vielleicht die Sicherheit, daß sie auch weiterhin jede Woche zum Klavierunterricht gefahren wird.

Wenn Sie über Ihre Trennung sprechen, versuchen Sie am besten, Worte und Begriffe zu verwenden, die Ihr Kind auch versteht. Dabei ist es vielleicht eine Hilfe, sich daran zu erinnern, wie Sie selbst als Kind in diesem Alter empfunden haben, was Ihnen eingeleuchtet und was Sie unter solchen Umständen am meisten beruhigt hätte.

So kann eine Mutter vielleicht zu ihrem sechsjährigen Sohn sagen: »Papa wohnt bald nicht mehr bei uns, und du und ich werden alleine hier leben; aber er kommt ganz bestimmt oft zu uns, um dich zu besuchen.« Oder ein Vater zu seiner zehnjährigen Tochter: »Deine Mutter und ich vertragen uns nicht mehr so gut, und wir glauben beide, daß es uns besser ginge, wenn wir nicht mehr zusammenlebten. Wir lieben dich beide so wie bisher auch. Aber wir haben uns darauf geeinigt, daß du in Zukunft bei deiner Mutter wohnen wirst, und wir zwei werden uns jede Woche sehen, um etwas zusammen zu unternehmen.« Ein anderer Vater könnte zu seiner 16jährigen Tochter sagen: »Du hast sicher gemerkt, daß zwischen mir und deiner Mutter seit langem nicht mehr alles in Ordnung ist. Wir haben beschlossen, uns zu trennen, und wir werden uns wahrscheinlich scheiden lassen. Natürlich werden wir uns beide um dich kümmern, und wenn du willst, kannst du zeitweise bei mir und zeitweise bei ihr wohnen. Jedenfalls möchten wir die bestmögliche Vereinbarung mit dir treffen; denn wie immer wir uns auch einigen, wir müssen eine Lösung finden, die auch für dich akzeptabel ist.«

Natürlich sind diese Beispiele konstruiert und stellen idealisierte Vereinfachungen dar. Hat beispielsweise ein Ehemann das Haus verlassen, nachdem er seine Frau wutentbrannt in betrunkenem Zustand geschlagen hat, ist es natürlich wichtiger, das Kind zu beruhigen und ihm zu versichern, daß nichts mehr passieren kann, als erst umständlich zu erklären, weshalb der Vater sie verlassen hat. Wenn in einem anderen Fall die Mutter zu ihrem Freund und dessen Kindern gezogen ist, sollte der Vater darauf achten, dem Kind immer wieder zu versichern, daß er es weiterhin versorgen und nicht etwa auch noch verlassen wird.

Jedes Elternpaar entwickelt eine eigene Art, mit seinem Kind zu sprechen, und auch Sie werden Ihren ganz persönlichen Weg finden, Ihr Kind über die Trennung aufzuklären. Sie kennen es schließlich selbst am besten, sein Auffassungsvermögen, seine

Ängste, seine Neigungen und Wünsche. Wenn Sie mehrere Kinder haben, sollten Sie die Entscheidung darüber, was Sie jedem einzelnen mitteilen, auf der Grundlage dessen treffen, was Sie über das jeweilige Kind wissen. Das heißt natürlich nicht, daß Sie jedem Kind etwas anderes sagen sollen; auch ist damit nicht gemeint, daß Sie vermeiden sollten, mit allen Kindern gleichzeitig zu sprechen. Sie können sich darauf verlassen, daß jedes der Kinder alles, was Sie sagen, versteht – natürlich jedes nach seinen Möglichkeiten. Dieselben Informationen und dieselben Worte haben für jedes Kind eine andere Bedeutung und werfen ganz unterschiedliche Fragen auf, die Ihnen Ihrerseits einen Hinweis darauf geben können, was jedes Kind besonders beschäftigt und bewegt. Vertrauen Sie auf Ihre Intuition und sprechen Sie mit dem Kind so, wie es Sie *Ihrer* Einschätzung nach versteht und wie es *Ihnen* natürlich erscheint.

Ihr Kind insistiert vielleicht auf Fragen, die Ihrer Meinung nach zu weit gehen. Auch wenn Sie einige dieser Fragen nicht beantworten möchten, weil Sie sie als Eingriff in Ihre Intimsphäre empfinden, so sollten Sie sich doch darüber im klaren sein, daß Ihr Kind sicher nicht fragen würde, wenn ihm nicht Ihre Antwort so wichtig wäre. Vielleicht gelingt es Ihnen, Ihr Kind dazu zu bringen, Ihnen zu erzählen, wie es auf diese Frage kommt, um dann die dahinterstehenden Sorgen direkt anzusprechen. In jedem Fall sollten Sie seinen Fragen nicht aus dem Wege gehen oder aufhören, über Dinge zu sprechen, die es wichtig findet – so zum Beispiel, wo es leben wird, wie oft es den anderen Elternteil sehen wird, ob einer von Ihnen wieder heiraten wird und was denn mit dem Hund passiert.

## Ihr Kind trifft keine Schuld!

Wenn Ihr Kind Sie fragt: »Ist es meine Schuld, daß Papa uns verläßt?« oder wenn es Ihnen verspricht: »Ich werde von jetzt an immer alles tun, was du sagst, wenn du nur wieder zurückkommst«, dann können Sie diese Gelegenheit nutzen, um ihm zu versichern, daß es selbst mit Ihrer Trennung nichts zu tun hat. Wenn auch sein Gefühl, verantwortlich zu sein, allen Beschwichtigungen zum Trotz weiter andauern mag, wird es zumindest dadurch erst einmal schwächer, und Sie sollten sich bemühen, es nicht wieder zu verstärken, z.B., indem Sie sich mißverständlich ausdrücken oder nicht eindeutig verhalten. War Ihr Kind beispielsweise häufig Gegenstand Ihrer ehelichen Auseinandersetzungen – etwa, wenn es darum ging, ob eine Strafe angemessen sei oder nicht –, kann das Kind die Überzeugung gewinnen, daß Sie sich nur seinetwegen getrennt haben. Deshalb müssen Sie es unbedingt davon überzeugen, daß nicht sein Verhalten, sondern Ihre eigene Unfähigkeit, miteinander auszukommen, schließlich zur Trennung geführt hat.

Natürlich können auch Sie selbst glauben, daß Ihre Ehe, wäre sie kinderlos geblieben, durchaus zu retten gewesen wäre. Es hätte sicher weniger Anlaß gegeben, um Geld zu streiten, weil viele Ausgaben mit dem Kind zusammenhingen. Und Sie hätten sich nicht ständig über Kindererziehung streiten müssen. Vielleicht hatten Sie auch besondere Probleme mit Ihrem Kind – zum Beispiel durch schwere Krankheiten, Lernschwierigkeiten, Drogenmißbrauch oder ähnliches –, wodurch Ihre Ehe größeren Belastungen ausgesetzt war, als sie ertragen konnte. In solchen Fällen wäre eine bloß an das Kind gerichtete verbale Beschwichtigung, daß es für das Scheitern der Ehe nicht verantwortlich sei, vermutlich wenig glaubwürdig.

Wenn Ihr Kind gar keine Andeutungen macht, daß es glaubt, der Anlaß für Ihre Trennung zu sein, sollten auch Sie von sich aus das Thema nicht anschneiden, auch dann nicht, wenn Sie solche Befürchtungen bei ihm vermuten, weil es oft Zeuge von Auseinandersetzungen geworden ist, bei denen es um das Kind ging.

Vielleicht möchten Sie ihm aber sagen, daß Sie sich scheiden lassen wollen, weil Ihre Ehe nicht glücklich ist. Dann bringen Sie doch von sich aus das Gespräch auf dieses Thema. Sagen Sie zum Beispiel, daß sich Ehepaare manchmal trennen, was es vielleicht schon einmal gehört oder erlebt hat, daß dieses aber niemals wegen der Kinder geschehe. Darüber hinaus sollten Ihr Partner und Sie Ihr Kind immer wieder spüren lassen, wie stolz und froh Sie beide sind, es zu haben.

Doch hüten Sie sich davor, allzusehr in sein Innerstes einzudringen und etwa gegen seinen Willen auch darauf zu bestehen, daß es Ihnen seine Gefühle offenbart. Ebenso wie Sie hat auch Ihr Kind ein Recht auf seine Privatsphäre. Mehr noch: Selbst wenn Sie richtig liegen mit Ihren Vermutungen über seine verborgenen Gefühle, erweisen Sie ihm unter Umständen einen schlechten Dienst, wenn Sie versuchen, diese an die Oberfläche zu zerren. Der Lösung seiner inneren Konflikte kommen Sie dadurch nicht näher, im Gegenteil: Ob Konflikte erst durch die Scheidung verursacht sind, ob sie bereits vorher bestanden und durch die Scheidung erst offengelegt werden oder ob sie weiterhin unter der Oberfläche schwelen und Sie sie nur erahnen – Sie schaden Ihrem Kind, wenn Sie es dazu zwingen, Gedanken und Empfindungen zu äußern, mit denen es noch gar nicht umgehen kann oder die es lieber für sich behalten möchte.

## Einmal reicht vielleicht nicht

Wahrscheinlich haben Sie zunächst einmal Zeit benötigt, um Ihre Kräfte zu sammeln, bevor Sie mit Ihrem Kind über die bevorstehende Trennung bzw. Scheidung sprechen konnten. Es ist Ihnen vermutlich auch nicht leichtgefallen, Ihrem Kind die Neuigkeiten schonend beizubringen, und nachdem Sie es endlich hinter sich gebracht haben, werden Sie sich erst einmal sehr erleichtert gefühlt haben. Sie sollten aber darauf vorbereitet sein, daß es vielleicht erforderlich ist, all diese Dinge noch viel öfter mit ihm zu besprechen, auch wenn es zunächst so aussieht, als nehme das Kind Ihre Mitteilung und Erklärungen ohne viele Fragen hin.

Die Trennung seiner Eltern hat für ein Kind nicht zu jedem Zeitpunkt dieselbe Bedeutung; sie begleitet es beim Älterwerden, und die Bedeutung wird sich ändern je nach den konkreten Erfahrungen, die es in seiner momentanen Lebensphase macht. Während das Vorschulkind seine Sorgen und Ängste nur unzureichend artikulieren kann und sich deshalb möglicherweise still und unauffällig verhält, läßt sich Ihr älteres Kind vielleicht aus anderen Gründen nichts anmerken. Es kann sein, daß es sich zu sehr verletzt, verwirrt, verängstigt oder einfach empört fühlt, um mit Ihnen zu reden. Sie Ihrerseits wollen ihm vielleicht doch Gelegenheit zum Gespräch geben; dabei dürfen Sie es aber nicht zu sehr drängen, Ihnen etwas anzuvertrauen, was es eigentlich gar nicht aussprechen will.

Ist Ihr Kind dagegen willens und in der Lage, mit Ihnen über seine Ängste, seine Wut, seine Unsicherheit und seine Wünsche zu sprechen, so wird ihm dies sicher helfen, den inneren Aufruhr, den Ihre Scheidung unvermeidbar auslöst, irgendwie zu bewältigen. Dabei ist es wichtig, daß Sie jederzeit zur Verfügung stehen, wann immer Ihr Kind mit Ihnen reden will.

Vor allem aber braucht Ihr Kind die Bestätigung, daß Sie es lieben und auch weiterhin lieben werden. Selbst wenn es nicht wirklich glaubt, an Ihrer Trennung schuld zu sein, kann es dennoch das Gefühl haben, daß Sie es gar nicht so liebhaben, wie es dachte; denn sonst würden Sie sich doch sicher nicht trennen. Wenn natürlich Ihr Ehepartner Sie und das Kind verlassen hat, ohne ein Wort zu sagen, wäre es weder ehrlich noch hilfreich, das Kind von dessen unverminderter Zuneigung überzeugen zu wollen. Sofern diese Beteuerung aber der Wahrheit entspricht, muß das Kind immer wieder hören und – was noch wichtiger ist – spüren, daß seine Eltern zu ihm stehen und es ihnen vertrauen kann.

Und seien Sie nicht allzu überrascht, wenn Sie – lange nachdem Sie glauben, ein für alle Mal geklärt zu haben, daß es keine Aussöhnung geben wird, oder lange nachdem einer von Ihnen oder Sie beide wieder geheiratet haben – entdecken, daß Ihr Kind immer noch darauf hofft, daß Sie beide eines Tages wieder zusammenkommen. Dies mag vielleicht nicht mehr als eine Illusion sein. Doch Illusionen leben lange.

# Zweiter Teil:
# Trennung und Scheidung

# 4. Das Sorgerecht

Die Scheidung löst endgültig alle alten familiären Bindungen und drückt der neuen Ordnung in Ihren Familienverhältnissen gewissermaßen einen offiziellen Stempel auf. Doch aus der Sicht Ihres Kindes bedeutet sie oft lediglich die formale Bestätigung von Veränderungen, die sich schon lange angebahnt haben. Voraussetzung für eine Scheidung ist das sogenannte »Zerrüttungsprinzip«. Das bedeutet, daß ein Gericht erst dann einen Scheidungsantrag akzeptiert, wenn Sie beide mindestens ein Jahr lang getrennt gelebt haben. Nun haben Sie sich ja bei Ihrer Trennung vielleicht schon auf eine bestimmte Sorgerechtsregelung geeinigt und diese Regelung seitdem auch praktiziert. Oder Sie befinden sich gerade im Prozeß der Trennung und müssen nun eine gemeinsame Regelung finden.

Wenn Sie es schaffen, sich über das Sorgerecht zu verständigen – egal, ob es bei Ihnen beiden gemeinsam oder bei einem allein liegen soll –, werden Sie eine spätere Einflußnahme des Gerichts darauf klein halten können und die Chancen für Ihr Kind erhöhen, eine intakte Beziehung zu jedem von Ihnen zu behalten.

Das Scheidungsurteil enthält genaue Angaben darüber, wer von Ihnen in erster Linie für die Betreuung und Erziehung Ihres Kindes verantwortlich ist, indem es einem von Ihnen oder beiden gemeinsam die elterliche Sorge überträgt. Sollten Sie sich darüber hinaus nicht über das Besuchsrecht einig werden, so können Sie auch zur Klärung dieser Frage das Gericht anrufen. Dabei wird dann genau festgelegt, wieviel Zeit der nichtsorgeberechtigte Elternteil mit dem Kind verbringen darf (Besuchsrecht). Solche Entscheidungen haben also Auswirkungen auf den Alltag und das Leben der *gesamten* Familie.

Die meisten Richter sind sich darüber im klaren, daß sie bei einer Anhörung vor Gericht über den jeweiligen Einzelfall nie so viel erfahren können, wie Sie als direkt Betroffene wissen. Deshalb akzeptieren sie im allgemeinen eine schriftliche oder mündliche Erklärung der Eltern, daß diese sich einig geworden sind, und machen diese in der Regel unter Berücksichtigung des Gutachtens des Jugendamtes zur Grundlage ihrer Sorgerechtsentscheidung.

## Sorgerecht für einen Elternteil

Vielleicht ist die Entscheidung für das Sorgerecht in Ihrem Fall ganz einfach, weil einer von Ihnen das Kind nicht versorgen kann oder will. Das wäre zum Beispiel dann so, wenn Sie als Vater die Familie wegen einer anderen Frau verlassen haben und diese es ablehnt, Ihr Kind mit aufzunehmen; oder wenn Sie als Mutter sich dazu entschlossen haben, mehr Erfahrungen außerhalb der Familie zu sammeln, zu sich selbst zu finden, und sich dabei nicht mit der Verantwortung für ein kleines Kind belasten wollen; oder wenn einer von Ihnen an einer schweren Krankheit leidet, die ihn daran hindert, das Kind versorgen zu können. Die Entscheidung ist auch dann ziemlich klar, wenn Sie zwar beide das Sorgerecht für sich beanspruchen, sich aber darin einig sind, daß Ihr Kind es bei einem von Ihnen besser hätte als bei dem anderen. Das mag dann zutreffen, wenn Sie als Vater wissen, daß die Erfordernisse Ihres Berufes Sie oft dazu zwingen, lange Zeit von zu Hause fort zu sein, so daß Sie jemanden haben müßten, der in dieser Zeit für Ihr Kind sorgt. Sie müßten dann zugeben – wenn auch widerstrebend –, daß unter diesen Umständen das Kind besser bei seiner Mutter aufgehoben ist. Oder Sie, die Mutter, erkennen, daß es Ihnen sehr schwer fällt, Ihrem heranwachsenden Kind Grenzen zu setzen, die es nötig braucht. Weil Ihr Mann in dieser Hinsicht besser mit dem Kind umgehen kann, geben Sie Ihre Zustimmung, daß er das Sorgerecht erhält. Eine weitere Möglichkeit besteht darin, sich in Ihrer Entscheidung ausschließlich von dem leiten zu lassen, was sich Ihr Kind wünscht.

Vielleicht fällt Ihnen die Entscheidung aber auch ausgesprochen schwer. Beide wollen Sie das Beste für Ihr Kind, und jeder wäre auch bereit und in der Lage, die Sorge zu übernehmen. Darüber hinaus halten Sie sich für kooperativ und sind der Meinung, gemeinsam eine vernünftige Entscheidung treffen zu können. Doch sind Sie sich dabei unsicher in der Frage, welches denn nun die beste Lösung für Ihr Kind wäre. Trifft diese Beschreibung Ihre Situation, überlegen Sie sich doch einmal, was Sie auf die folgenden Fragen antworten würden:

- Wollen Sie wirklich beide die Verantwortung für Ihr Kind übernehmen, oder fordert vielleicht einer von Ihnen das Sorgerecht nur deshalb, weil dies von ihm erwartet wird; weil Sie befürchten, daß Ihr Kind Ihnen Vorwürfe machen wird, es mit dem anderen Elternteil alleingelassen zu haben; weil Sie sich schuldig fühlen; oder weil Ihre Freunde oder sogar Ihre Eltern – die Großeltern Ihres Kindes – Druck auf Sie ausüben, für das Sorgerecht zu kämpfen?
- Welcher Elternteil hat den Großteil der alltäglichen Arbeit und Pflege für das Kind übernommen? Wer von Ihnen hat das Kind gefüttert und gewickelt? Wer hat es abends zu Bett gebracht und es am nächsten Morgen angezogen? Wer hat dem Schulkind bei den Hausaufgaben geholfen? Wer von Ihnen tröstet das Kind, wenn es traurig ist?

Je jünger das Kind ist – das sollten Sie immer bedenken –, desto wichtiger ist für seine gesunde Entwicklung eine *gleichbleibende* Bezugsperson.

Sollten Sie beide sich bisher in gleichem Maße um Ihr Kind gekümmert haben, und zwar in jeder Altersstufe, werden Ihre Antworten in diesem Fragenkatalog Sie nicht aus diesem Dilemma befreien. Aber sie können Ihnen die Richtung weisen, nämlich weiterhin gemeinsam die Verantwortung zu tragen – vorausgesetzt, Sie sind wirklich davon überzeugt, auch in Zukunft so kooperieren zu können wie bisher.

- Wer von Ihnen fände es leichter, alleinerziehend zu sein und ohne die Unterstützung des anderen auszukommen?
- Wer von Ihnen bleibt mit größerer Wahrscheinlichkeit in der Gegend wohnen, in der das Kind seine Schule und seine Freunde hat?

- Vorausgesetzt, Sie müssen nicht aus finanziellen Gründen beide arbeiten: Wer von Ihnen würde wahrscheinlich genug Geld verdienen, um dem anderen zu ermöglichen – wenn dieser dazu bereit ist –, bei dem Kind zu Hause zu bleiben?
- Sofern Sie mehr als ein Kind haben: Wer von Ihnen könnte für alle Kinder sorgen? In den meisten Fällen ist es besser für die Kinder, wenn sie durch die Scheidung ihrer Eltern nicht voneinander getrennt werden. Geschwister neigen dazu, sich in unruhigen Zeiten enger zusammenzuschließen und sich gegenseitig in der neuen Situation zu helfen und zu trösten, auch dann, wenn sie sonst ständig miteinander gezankt und gestritten haben.
- Wer von Ihnen beiden ist wohl zuverlässiger und beständiger, was Wunsch und Bereitschaft angeht, sich so lange um das Kind zu kümmern, bis es groß ist?
- Bei wem von Ihnen ist es wahrscheinlicher, daß er oder sie die Voraussetzungen für regelmäßige Besuche des anderen schafft und diese Treffen auch unterstützt? Wer also wird die Kontakte akzeptieren können, ohne dem Kind das Gefühl zu geben, nicht loyal zu sein?

Wenn Sie diese Fragen aus der Sicht Ihres Kindes betrachten und sich in der Beantwortung mit Ihrem Partner einig sind, Ihr Verhältnis zum Kind also ähnlich einschätzen, dann können sie Ihnen als Orientierung dienen. Natürlich ist es nicht leicht, alle Faktoren im Kopf zu haben, die es zu berücksichtigen gilt, oder zu entscheiden, welches Gewicht ihnen jeweils beizumessen ist. Aber unsere Fragen können Ihre Überlegungen darauf lenken, was Ihr Kind braucht, und Ihnen helfen, die richtige Entscheidung zu treffen.

Sicher sind Sie bestrebt, eine Lösung zu finden, mit der Ihr Kind gut zurechtkommt. Dies ist dann viel einfacher, wenn Sie sich zuerst einmal die Punkte vor Augen führen, die Ihre Entscheidung auf keinen Fall beeinflussen sollten. Ein Beispiel: Für Ihr Kind ist es mit Sicherheit nicht hilfreich, es würde ihm im Gegenteil vielleicht eher schaden, wenn einer von Ihnen die Sorgerechts-Entscheidung dazu mißbrauchte, den ehemaligen Partner zu bestrafen; für eine mißlungene Ehe etwa oder für das Scheitern einer Beziehung, die einmal unter so viel glücklicheren Vorzeichen begonnen hatte. So finden Sie als Vater es vielleicht ungerecht, wenn Ihre Frau, die Sie wegen eines anderen Mannes verlassen hat, nun auch noch das Kind zugesprochen bekommt. Diese Reaktion ist zwar verständlich, doch nimmt sie Ihnen die Sicht darauf, was *für Ihr Kind* wichtig ist: ob seine Mutter mehr als Sie die alltägliche Betreuung übernommen hat; ob sie ihm eine gute Mutter gewesen ist; wie sehr es sie vermissen würde, wenn sie nicht mehr jeden Tag da wäre; und ob sie und ihr neuer Partner das Kind gerne bei sich haben. Auch hier gilt wieder, daß finanzielle Erwägungen, so wichtig sie natürlich sind, für die Sorgerechts-Entscheidung auf keinen Fall den Ausschlag geben dürfen. Wenn also Sie als Vater der Meinung sind, es würde Sie weniger kosten, Ihr Kind selbst großzuziehen, als Ihrer Frau entsprechende Unterhaltszahlungen zu leisten, so ist dies im Interesse des Kindes kein ausreichender Grund, das Sorgerecht für sich zu fordern. Wenn umgekehrt Sie als Mutter glauben, daß Ihr Mann eher in der Lage sein wird, die Raten für Ihr Haus zu zahlen, so sollte auch dies für Sie nicht ein Hauptmotiv sein, das Sorgerecht zu verlangen.

## Gemeinsames Sorgerecht

Gemeinsames Sorgerecht ist etwas, was die normale Ehe kennzeichnet. Mutter und Vater leben, mehr oder minder harmonisch, zusammen. Beide tragen die Verantwortung für ihr Kind, treffen wichtige Entscheidungen gemeinsam und teilen sich auch die täglichen Pflichten. Wie das in der Praxis aussieht, das heißt, ob und wie die Aufgaben tatsächlich geteilt werden, hängt natürlich ab von der individuellen Situation und den jeweiligen Notwendigkeiten. Einige Mütter und Väter bilden dem Kind gegenüber eine Einheit, andere Eltern nicht – in jedem Fall werden aber Unstimmigkeiten normalerweise ohne Hinzuziehung eines Gerichts bereinigt (oder sie bleiben ungelöst).

Eine Scheidung beendet diese natürliche gemeinsame Sorge, wenn auch nicht immer tatsächlich, so doch mit Sicherheit im juristischen Sinne. Sobald eine Ehe zerbricht, muß das Sorgerecht formell geregelt werden.

Gemeinsames Sorgerecht nach der Scheidung wird von vielen als gangbarer Weg und vielleicht als die bessere Alternative gegenüber der traditionellen Regelung angesehen, bei der ein Elternteil das Sorgerecht erhält und dem anderen ein Besuchsrecht zugestanden wird.[9] Befürworter des gemeinsamen Sorgerechts argumentieren, daß bei dieser Regelung das Kind weniger gravierende Einschränkungen in der Kontinuität der Zuwendung durch *beide* Eltern erfährt; daß sie das Phänomen der »Wochenend-Eltern« verhindern hilft, bei der es für das Kind und den nur besuchsweise anwesenden Elternteil gleichermaßen schwierig ist, eine dauerhafte und gute Beziehung aufrechtzuerhalten. Außerdem erschwert das gemeinsame Sorgerecht dem sorgeberechtigten Elternteil, sich an dem anderen zu rächen, indem er etwa versucht, den Kontakt nach Möglichkeit zu unterbinden. Diese Argumente mögen auch für Sie und Ihren speziellen Fall zutreffen, und wenn Sie beide die gemeinsame Sorge wünschen und sich auch für die Zukunft dafür entscheiden wollen, können Sie alle Vorteile dieser Regelung für sich und Ihr Kind nutzen. Doch unter bestimmten Umständen kann sich das gemeinsame Sorgerecht auch gegen Ihr Kind richten, anstatt ihm zu nutzen. Dies ist zum Beispiel dann der Fall, wenn einer von Ihnen gegen diese Regelung ist und sie nur durch ein gerichtliches Urteil und unter Androhung weiterer gerichtlicher Verfahren in Kraft treten kann.

Vielleicht betrachten Sie aber beide das gemeinsame Sorgerecht als die Regelung Ihrer Wahl. Immerhin, so mögen Sie sich sagen, lassen Sie sich ja von Ihrem Ehepartner und nicht von Ihrem Kind scheiden. Es liebt und braucht weiterhin Sie beide. Sie möchten sich auch beide weiter um Ihr Kind kümmern und fühlen sich von Ihrer Erfahrung und Verantwortungsbereitschaft her dazu auch in der Lage.

In diesem Fall gibt es eine Vielzahl verschiedener Arrangements, die möglich sind und die Sie in Erwägung ziehen können. Der Begriff »gemeinsames Sorgerecht« bezeichnet nicht eine spezielle und leicht zu umreißende Lebenssituation, sondern vielmehr ein breites Spektrum von Möglichkeiten, wie Eltern bei der Erziehung ihres Kindes zusammenwirken können. Einige solcher Regelungen sind tatsächlich kaum zu unterscheiden vom traditionellen Sorgerecht eines Elternteils. Zum Beispiel können Sie vereinbaren, daß das Kind bei der Mutter lebt und der Vater es mehrmals in der Woche besucht, es an den Wochenenden und in den Ferien bei sich hat und sich auch an Entscheidungen beteiligt – von der religiösen Erziehung bis hin zum Tragen von Zahnspangen. Dieses ist zwar keine wirkliche Teilung der Kindererziehung, doch vielleicht können Sie sich vorstellen, welche psychologischen Vorteile ein solches Arrangement gegenüber der traditionellen »Ein-Elternteil-Regelung« hat. Der *praktische* Unterschied kann dabei minimal sein. Doch für den Vater ist es leichter, die Tatsache hinzunehmen, daß sein Kind die meiste Zeit bei der Mutter verbringt, wenn ihm nicht eine untergeordnete Rechtsposition zugemutet wird. Er besucht sein Kind dann vermutlich häufiger und regelmäßiger und zahlt zuverlässiger den Unterhalt für das Kind. Das Kind seinerseits wird bei dieser Regelung nicht so leicht den Eindruck gewinnen, daß sein Vater es freiwillig aufgegeben, es gar verlassen hat.

Andere Varianten des gemeinsamen Sorgerechts hingegen unterscheiden sich gravierend vom traditionellen Sorgerecht eines Elternteils. Zum Beispiel können Sie sich darauf einigen, daß Ihr Kind von Montag bis Mittwoch bei seiner Mutter lebt und von Donnerstag bis Sonntag bei seinem Vater oder daß es sechs Monate im Jahr mit seiner Mutter verbringt und die restlichen sechs Monate bei seinem Vater. Dieses würde natürlich bedeuten, daß Sie beide sich bei Entscheidungen, die außer der Reihe anfallen, einigen müßten, aber auch, daß jeder von Ihnen zeitweise alleinverantwortlich wäre für all die vielen alltäglichen Aufgaben und Verrichtungen wie Füttern und Anziehen des Babies, Sauberkeitserziehung des Kleinkindes, Beaufsichtigung des Schulkindes und das Aufbringen von Zeit und Verständnis für die Nöte des Heranwachsenden.

Wenn Sie sich mit dem Gedanken tragen, sich für eine Form des gemeinsamen Sorgerechts zu entscheiden, so lesen Sie sich am besten die folgenden Fragen gut durch und versuchen Sie, diese für sich zu beantworten. Das hilft Ihnen vielleicht, sich mehr Klarheit darüber zu verschaffen, ob Sie mit einer derartigen Regelung leben könnten und ob Ihr Kind wirklich davon profitieren würde:

- Können Sie beide Ihre gegenseitige Feindseligkeit und Bitterkeit wirklich beiseite schieben, so daß Sie gemeinsame Entscheidungen über Ihr Kind treffen können? Wenn nicht, wird Ihr Kind einer unerträglichen Spannung ausgesetzt, indem es versuchen muß, zwei Erwachsenen gegenüber gleich loyal zu sein, die sich gegenseitig bekämpfen.
- Standen bei Ihren Streitigkeiten als Ehepaar häufig Erziehungsfragen im Mittelpunkt, oder war dies kein Streitthema? Wenn es so ist, daß Sie sich schon vor Ihrer Trennung nicht über bestimmte Punkte einigen konnten, glauben Sie dennoch daran, sich nach der Trennung besser darüber verständigen zu können, wenn die täglichen Ärgernisse, die im Zusammenleben entstehen, wegfallen? Glauben Sie allgemein, daß Streitereien weniger wahrscheinlich sind, wenn Sie erst einmal von der Last des Zusammenlebens befreit sind?
- Sind Sie sicher, daß nach der Trennung, wenn Ihr Kind das einzige Bindeglied zwischen Ihnen ist, dieselbe Unfähigkeit, miteinander auszukommen, die schließlich zu Ihrer Trennung geführt hat (auch wenn Ihr Kind nicht der Grund dafür war), nicht weiterbesteht oder sich wieder einstellt bei Ihren Versuchen, gemeinsam für das Kind zu planen und zu sorgen?
- Haben Sie beide die gleichen oder zumindest nicht einander widersprechende moralisch-ethische Grundsätze, die Sie Ihrem Kind vermitteln möchten? Haben Sie eine ähnliche Haltung, was Schule, Hausaufgaben, Geld, Gesundheitserziehung, Fernsehen, Schlafenszeit und Sexualität betrifft?
- Wenn Ihr Kind seine Zeit zwischen Ihnen aufteilen soll, stellen Sie sich den Wechsel täglich, wöchentlich, im Schuljahresturnus oder jährlich vor? Soll das Kind von einer Wohnung in die andere ziehen, oder haben Sie vor, es am selben Ort zu lassen, während Sie beide »rotieren« (ein Arrangement, das manchmal »Vogelnest« genannt wird)? Wenn Sie sich für das letztere ent-

scheiden, sind Sie bereit, die damit zusammenhängenden Unannehmlichkeiten in Kauf zu nehmen, ohne Ihrem Kind böse zu sein, weil alles seinetwegen geschieht? Wenn dagegen Ihr Kind zwischen den beiden Wohnungen hin und her pendelt, glauben Sie, daß es das auf Dauer aushält? Beim Kleinkind ist es noch leicht, es von einem Ort zum anderen mitzunehmen, vorausgesetzt, seine Bezugsperson ist bei ihm. Entschieden schwieriger wird es aber, wenn eine Änderung sowohl des Ortes als auch der Bezugsperson zusammenkommen. Für Ihr älteres Kind mag es relativ unproblematisch sein, abwechselnd von einem von Ihnen versorgt zu werden. Ungleich mehr hängt es aber vielleicht an seinem Zimmer, seinen Möbeln, seinen Spielkameraden.[10]

- Hat Ihr Kind das Schulalter erreicht, stellt sich die Frage, ob Sie beide im gleichen Schulbezirk wohnen. Wenn Sie dies nicht wollen oder können, auf welche Schule soll es dann gehen? Oder erwarten Sie, daß es abwechselnd zwei Schulen besucht? Wird es dann zweierlei Schulbücher brauchen, oder kann es ein und dieselben benutzen und diese – wie auch seine Lieblingsspielsachen – von einem Ort zum anderen mitnehmen?
- Wird es voraussichtlich an Ihrer Haltung zum gemeinsamen Sorgerecht etwas ändern, wenn einer von Ihnen wieder heiratet oder mit einem neuen, gleich- oder gegengeschlechtlichen Partner zusammenzieht?
- Wenn das gemeinsame Sorgerecht, auf das Sie sich geeinigt haben, nicht funktionieren sollte – sei es, weil einer von Ihnen wegziehen muß oder weil Ihr Kind unerwartet schlecht darauf reagiert oder weil einfach einer von Ihnen aus irgendeinem Grund das Arrangement nicht ertragen kann –, wären Sie dann bereit, konstruktiv und freundschaftlich gemeinsam nach einer neuen Vereinbarung zu suchen, die mehr im Interesse Ihres Kindes ist? Oder vertreten Sie eher eine kompromißlose Haltung nach dem Motto »Entweder so – oder wir gehen vor Gericht«? Wenn dies der Fall ist, haben Sie darüber nachgedacht und es auch mit Ihrem Anwalt diskutiert, wie wohl ein Richter entscheiden würde? Und haben Sie sich auch Gedanken dar-

über gemacht, was eine Auseinandersetzung vor Gericht und eine gerichtlich verfügte Sorgerechtsregelung für Ihr Kind bedeuten würde?

Wenn Sie auf diese Fragen gemeinsame Antworten finden können; wenn Sie entschlossen sind, alle in der Zukunft zu erwartenden Probleme gemeinsam zu lösen, weil Sie glauben, daß es für Ihr Kind von größter Bedeutung ist, bei der Trennung keinen Elternteil zu verlieren; oder auch dann, wenn Sie das gemeinsame Sorgerecht wählen, weil einer von Ihnen oder gar beide befürchten, in einer gerichtlichen Auseinandersetzung das Sorgerecht an den anderen zu verlieren, und unter diesen Umständen gemeinsames Sorgerecht immer noch besser finden als gar kein Sorgerecht – dann kann das gemeinsame Sorgerecht wirklich die beste Lösung für Ihr Kind sein, um den Schaden für seine weitere Entwicklung so gering wie möglich zu halten.

Ist all dies nicht der Fall, dann muß man sogar damit rechnen, daß die ohnehin schon problematische Situation noch schwieriger wird. Ihr Kind wird, wie vor Ihrer Trennung, weiter unter Ihren Meinungsverschiedenheiten leiden. Anstatt zwei Elternteile zur Auswahl zu haben, an die es sich wenden kann, wenn es nach Sicherheit verlangt und Autorität sucht, hat es nun im Endeffekt nicht einmal *eine* Bezugsperson ganz für sich, weil keiner von Ihnen sich voll verantwortlich fühlt und beide noch dazu in verschiedene Richtungen ziehen. Besteht Ihr Konflikt auch nach der Trennung weiter, so werden Sie kaum vermeiden können, das Kind als Waffe in Ihrem weiterhin währenden Kampf zu mißbrauchen. Das Kind seinerseits, dessen Verlangen nach Sicherheit nicht befriedigt wurde, lernt mit zunehmendem Alter besser, Sie beide gegeneinander auszuspielen. Damit verschafft es sich, wenn auch nur für Augenblicke, das Gefühl, sein Leben unter Kontrolle zu haben, indem es das bekommt, was es will – und seien es auch nur materielle Dinge oder weniger Verbote. Solche unerwünschten Konsequenzen sind natürlich bei anderen Sorgerechtsregelungen ebenso möglich; beim gemeinsamen Sorgerecht aber ist die Versuchung zu mißbräuchlicher Ausnutzung wie auch die Möglichkeit hierzu ungleich größer.

## Das Beratungsgespräch

Wenn Sie und Ihr Partner Schwierigkeiten haben, sich über das Sorgerecht zu einigen, nehmen Sie sich nicht sofort einen Anwalt, um die Angelegenheit gerichtlich zu regeln. Zuvor sollten Sie in jedem Falle die Möglichkeit nutzen, in beratenden Gesprächen Einigung zu erzielen. Wenden Sie sich an Ihren Pfarrer, einen Verwandten oder einen Freund, dem Sie vertrauen und dessen Rat Sie schätzen. Mit ihm gemeinsam können Sie versuchen, all die Probleme, die mit der Trennung und der Regelung des Sorgerechts verbunden sind, zu besprechen. Vielleicht ziehen Sie aber auch eine professionelle Beratung vor. Sie kann Ihnen helfen, sich mehr Klarheit über Ihre eigenen Gefühle zu verschaffen und Ihren Blick bei den anstehenden Entscheidungen mehr auf das Wohl Ihres Kindes zu richten, anstatt auf seinem Rücken Ihre Animositäten mit Ihrem Partner auszutragen. Mit der Unterstützung eines Beraters kann es Ihnen gelingen, eine vernünftige Vereinbarung zu treffen, mit der Sie beide zufrieden sein können.

Doch auch dann, wenn Sie Beratung hilfreich und sinnvoll finden, sollte nichts und niemand Sie davon abhalten, letztendlich Ihre Entscheidung selbst und nach Ihrem eigenen Gutdünken zu fällen. Sie sollten sich die Freiheit nehmen, Ratschläge abzulehnen, mit denen Sie nicht einverstanden sind, ob sie nun von professioneller Seite kommen oder von Freunden. Einen Rat hinsichtlich des Sorgerechts anzunehmen bedeutet schließlich etwas anderes als zum Beispiel sich dem Urteil eines Arztes oder Psychotherapeuten zu beugen, dem Sie Ihr Kind zur Diagnosestellung und Behandlung anvertraut haben. Um Ihr Kind großzuziehen, brauchen Sie kein fachliches Gutachten; Sie kennen sich, Ihr Kind und Ihren Partner besser als der fähigste und höchstqualifizierte Fachmann, auch besser als die wohlmeinendsten und verständnisvollsten unter Ihren Freunden. Schließlich sind es Sie und Ihr Kind, die mit Ihrer Entscheidung leben müssen, und nicht derjenige, der Sie berät. Nur wenn Ihnen die Ratschläge vernünftig und einleuchtend erscheinen, werden sie auch dem Wohlergehen Ihres Kindes dienen.

# 5. Anwälte

Auch wenn Sie und Ihr Partner sich über das Sorgerecht und über finanzielle Fragen bereits ohne Unterstützung eines Anwalts geeinigt haben, ist es doch eher wahrscheinlich, daß jeder von Ihnen sich im Laufe des Scheidungsverfahrens an einen Anwalt wendet. Denn zum einen muß ein Anwalt den Scheidungsantrag einreichen, d.h. mindestens einer von Ihnen beiden muß sich anwaltlich vertreten lassen, zum anderen kann Ihnen ein Anwalt dabei helfen, mit den besonderen Bedingungen des Rechtswesens zurechtzukommen und, sollten Sie eine Scheidungsvereinbarung treffen, hierfür die geeignete Form finden. Um so wichtiger wird aber ein solcher Rechtsbeistand dann, wenn Sie sich vor dem Verfahren noch nicht auf eine bestimmte Sorgerechtsregelung einigen konnten. Kennen Sie erst einmal die Möglichkeiten, aber auch die Grenzen eines Anwalts, so ist es Ihnen eher möglich, seine Hilfe zu Ihrem und zum Vorteil Ihres Kindes zu nutzen.

In den USA besteht im Gegensatz zu Deutschland die Möglichkeit, daß beide Partner durch ein und denselben Anwalt vertreten werden. Eine solche Verfahrensweise birgt jedoch einige Nachteile: Stellen Sie sich vor, ein Paar will sich scheiden lassen. Die Mutter soll das Sorgerecht für das gemeinsame Kind erhalten und weiter in der alten Wohnung bleiben; der Vater kann das Kind so oft sehen, wie er möchte; er zahlt monatlich eine bestimmte Summe für den Unterhalt von Mutter und Kind. Warum sollte dieses Paar nicht einen gemeinsamen Anwalt nehmen, ihn ganz einfach bitten, die Trennungsvereinbarung in juristisch einwandfreier Form niederzuschreiben, und diese dann einem Richter als Grundlage für das Scheidungsurteil vorlegen? Die Antwort lautet, daß vermutlich keiner der beiden in dieser Phase gut ohne rechtlichen Beistand zurechtkommen wird und daß ein einzelner Anwalt zwei Klienten zugleich mit zudem vielleicht noch widerstreitenden Interessen nicht angemessen beraten kann und will. Denn bei allem Einverständnis, das in Scheidung lebende Paare erzielen, können ihre Interessen dennoch ganz gegensätzlicher Natur sein oder sich im Laufe der Zeit auseinanderentwickeln. Die gesamte Zeit der Trennung ist für viele Paare emotional so belastend, daß sich gelegentlich einer der beiden, unter dem Druck einer massiven Konfrontation mit dem Partner, Zugeständnisse entreißen läßt, die er oder sie unter anderen, ruhigeren oder zumindest weniger einschüchternden Umständen nie gemacht hätte. So kann es vorkommen, daß eine Mutter gemeinsamem Sorgerecht nur deshalb zustimmt, weil ihr Ehemann ihr angedroht hat, seine Unterhaltungszahlungen einzustellen, wenn sie sich weigert. Oder ein Vater erklärt sich nur deshalb mit extrem überzogenen Unterhaltszahlungen einverstanden, weil seine Frau ihm damit droht, daß er sonst sein Kind nie mehr sehen dürfe.

Es kann aber auch genausogut sein, daß einer der Ehepartner oder beide keine klaren Vorstellungen über die ihnen gesetzlich zugesicherten Rechte und Pflichten haben oder die Konsequenzen ihrer Vereinbarung nicht ganz überschauen können. So mag ein Ehemann einfach nicht wissen, daß Väter nicht automatisch vom Sorgerecht ausgeschlossen sind, ebenso sind auch Mütter nicht grundsätzlich von der Unterhaltsverpflichtung ausgenommen. Er weiß vielleicht nicht, daß die Zahlungen, mit denen er sich einverstanden erklärt hat, als Ehegatten-Unterhalt oder als Kindesunterhalt festgelegt sein können. Ehegatten-Unterhalt wird unter bestimmten Umständen steuerlich als Einkommen der Frau behandelt und kann vom Ex-Ehemann bei der jährlichen Steuererklärung abgesetzt werden. Kindesunterhalt gilt hingegen weder als Einkommen der Frau, noch ist er absetzbar. Manche Ehefrau macht sich vielleicht keine Vorstellung davon, welche Art von Unterhaltsregelung und anteiliger Überlassung gemeinsamen Besitzes sie mit einer gerichtlichen Entscheidung erzwingen kann, wenn keine Einigung zwischen den Partnern erreicht werden konnte. Manch ein Ehemann hat sich vielleicht noch keine Gedanken darüber gemacht, was passieren soll, wenn sich seine Frau nach einiger Zeit entschließt, aus dem gemeinsamen Haus auszuziehen; wie soll der Erlös aus dem Verkauf des Hauses aufgeteilt werden? Wenn sie andererseits wünscht, in dem Haus wohnen zu bleiben, auch nachdem das Kind erwachsen geworden ist, soll sie das können, ohne den Ehemann dafür entschädigen zu müssen? Dies ist besonders dann ein Problem, wenn zum Zeitpunkt der

Scheidung das Haus das einzige oder das größte Vermögen darstellte. Oder sollte sie dazu aufgefordert werden, das Haus zu verkaufen, damit der Erlös gerecht, d.h. nach einem zu vereinbarenden Schlüssel, aufgeteilt werden kann?

Diese Aufzählung ist beileibe noch keine vollständige Auflistung möglicher Konfliktherde und auch keine Analyse der Steuergesetze im Scheidungsfall (die ohnehin ständig verändert werden). Es ist Aufgabe eines Anwalts, seine Klienten auf mögliche Nebenwirkungen und Hintertüren der ausgehandelten Scheidungsvereinbarungen hinzuweisen. Wie solche Fragen zu lösen sind, was in einer Vereinbarung stehen soll und welche Vorteile die verschiedenen Bestimmungen für die Mutter, den Vater und das Kind haben – das ist von Familie zu Familie unterschiedlich.

Vielleicht denken Sie jetzt, daß solche Punkte nur unerhebliche Details im Gesamtzusammenhang Ihrer Vereinbarung darstellen – typische juristische Pedanterie, mögen Sie sagen! Aber was Ihnen anfangs noch unwichtig erscheinen mag, kann im Laufe der Zeit erheblich an Bedeutung gewinnen.

Und wenn Sie beide nur *einen* Anwalt konsultieren und dieser vergißt, Sie auf etwas hinzuweisen, was Sie zum Zeitpunkt Ihrer Scheidung nicht bedacht haben, oder es stellt sich erst später heraus, daß Ihre Vereinbarung für einen von Ihnen beiden vorteilhafter ist als für den anderen, dann wird der andere schnell bereit sein zu glauben, daß der Anwalt nicht ein neutraler Fachmann, sondern parteiisch gewesen ist.

Vielleicht glauben Sie aber auch, sich über Sorgerecht und Besuchsrecht auch ohne juristischen Beistand leicht einigen zu können, weil Sie der festen Überzeugung sind, daß diese Fragen weniger technischer Natur sind als vielmehr vorrangig einer finanziellen Lösung bedürfen. Wenn das für Sie so ist, dann bedenken Sie aber auch, daß, wenn die finanzielle Seite Ihrer Vereinbarung für einen von Ihnen unbefriedigend geregelt ist, dies leicht zu Auseinandersetzungen über das Sorge- und Besuchsrecht führen kann, die Sie eigentlich Ihrem Kind ersparen wollten. Deshalb liegt es sowohl im Interesse Ihres Kindes als auch in Ihrem eigenen, daß beide Elternteile mit den finanziellen Abmachungen einverstanden und zufrieden sind.

Die Tatsache, daß Vereinbarungen von Eheleuten, die in Scheidung leben, Probleme aufwerfen können, heißt natürlich nicht, daß Sie gar nicht erst versuchen sollten, Fragen des gemeinsamen Vermögens, des Unterhalts und des Sorgerechts unter sich auszuhandeln. Im Gegenteil: Gerade auch aus der Sicht Ihres Kindes führt dies wahrscheinlich zu einer vernünftigeren und praktikableren Lösung als eine richterlich auferlegte Entscheidung. Schließlich ist der Richter ein Fremder, der wenig über die besonderen Bedürfnisse und Fähigkeiten Ihrer Familie weiß. Trotzdem ist es aber möglich, daß Ihre Vereinbarung Ihren Wünschen und den realistischen Aussichten eher entspricht, wenn jeder von Ihnen noch einmal die Bestimmungen und deren mögliche rechtliche Konsequenzen mit seinem eigenen Anwalt durchgeht.

Dennoch sollten Sie weiterhin in der Verantwortung bleiben. Erlauben Sie dem Anwalt nicht, eine Atmosphäre des Unfriedens zwischen Ihnen beiden zu schaffen, die es vorher nicht gab. Lassen Sie sich nicht von ihm darin entmutigen, einen gütlichen Vergleich zu erzielen. Bringen Sie ihn dazu, Sie zu unterstützen, indem er Ihnen ein realistisches Bild davon vermittelt, was ein Richter vermutlich anordnen wird, wenn er für Sie die Entscheidung zu treffen hat. Wenn Sie Ihrem Anwalt mitteilen, daß Sie sich im Prinzip darüber einig sind, was Sie als faire Lösung betrachten, und daß keiner von Ihnen auf einen Sieg vor Gericht aus ist, sollte er sich darauf beschränken, Fragen zu stellen, Einzelheiten zu klären, auf gesetzliche und praktische Konsequenzen hinzuweisen und dafür zu sorgen, daß die Vereinbarung so eindeutig wie möglich festgelegt wird, um Mißverständnisse auch für die Zukunft zu vermeiden.

Wenn auf der anderen Seite Sie als Ehefrau sich von Ihrem Mann betrogen oder tyrannisiert fühlen, dann kann es durchaus angemessen und richtig sein, daß Ihr Anwalt die Meinungsverschiedenheiten mit dem Anwalt Ihres Mannes auszuräumen versucht, bevor Sie mit einer Vereinbarung vor Gericht gehen, die nur dem Namen nach eine ist und unvermeidlich zu späteren Auseinandersetzungen führen muß.

## Die Wahl des Anwalts

Nehmen Sie die Entscheidung für einen Anwalt ernst und wählen Sie ihn sorgfältig aus. Vielleicht können Sie auf Empfehlungen von Freunden zurückgreifen, die gute Erfahrungen gemacht haben, oder Sie wenden sich an den örtlichen Anwaltsverein oder die Anwaltskammer, die Ihnen eine Liste mit Namen und Adressen von Anwälten zur Verfügung stellen kann. Wenn Sie eine Adresse haben, vereinbaren Sie erst einmal einen Termin für ein Vorgespräch, fragen Sie nach dem Preis für die Konsultation, und versuchen Sie herauszufinden, ob diese Gebühr eventuell auf die Gesamtkosten des Verfahrens angerechnet wird. Wenn Sie meinen, sich keinen Anwalt leisten zu können, können Sie Prozeßkostenhilfe beantragen.

Sie sollten den ersten Termin mit Ihrem Anwalt nicht nur dazu benutzen, ihn zu befragen, sondern auch dazu, sich ein Urteil über ihn zu bilden. Wenn er Sie vertreten soll, müssen Sie sich mit ihm verstehen, was natürlich nicht bedeutet, daß Sie ihn gleich sehr sympathisch finden müssen. Für einige Frauen ist es schwierig, intime Einzelheiten Ihrer Ehe mit einem männlichen Anwalt zu besprechen; andere wiederum sind davon überzeugt, daß nur ein männlicher Anwalt hart genug sein kann, ihre Interessen zu vertreten. Männer haben entsprechende Vorlieben für bzw. Vorurteile gegenüber weiblichen Anwälten. Vielleicht ist Ihnen das Geschlecht Ihres Anwalts gleichgültig, dafür finden Sie aber seine ganze Art unsympathisch, oder Sie glauben ihm nicht, was er über Ihre Chancen in Ihrem Verfahren sagt. Oder er veranschlagt für seine Dienste Gebühren, die Ihnen nicht angemessen erscheinen oder sogar unbezahlbar sind.

Sollten Sie schon bei Ihrem ersten Anruf oder im ersten Gespräch dem Anwalt gegenüber starke negative Gefühle bei sich entdecken, nehmen Sie sich am besten gleich einen neuen. Versuchen Sie es so lange, bis Sie einen Anwalt Ihres Vertrauens gefunden haben; denn wenn er gut für Sie arbeiten soll, dann müssen Sie ihm gegenüber offen und ehrlich sein können und das Gefühl haben, seinem Urteil in rechtlichen Fragen absolut vertrauen zu können. Wenn Sie den Anwalt mitten im Scheidungsprozeß wechseln müßten, wäre das unangenehm und kostspielig und würde das Verfahren zweifellos in die Länge ziehen. Dennoch: Wenn Sie wirklich unzufrieden damit sind, wie Ihr Anwalt Ihre Sache vertritt, dann haben Sie zu jedem Zeitpunkt das Recht, ihn zu wechseln.

## Der Zeitpunkt der Konsultation

Wenn Sie oder Ihr Ehepartner daran denken, sich scheiden zu lassen, dann möchten Sie sicher frühzeitig über die rechtlichen Folgen und das genaue Verfahren bei einer Trennung und Scheidung beraten werden. Sind Sie Mutter von kleinen Kindern und waren nicht außerhalb des Hauses berufstätig, dann müssen Sie sich über Unterhaltszahlungen Ihres Mannes bis zur endgültigen Scheidung informieren. Sie müssen wissen, wieviel Sie erwarten und wie bald Sie mit dem Geld rechnen können.

Sie benötigen Informationen darüber, auf welche Unterstützungsleistungen vom Staat, Land oder der Gemeinde Sie Anspruch haben. Sie müssen sich auch darüber beraten lassen, wie Sie die Scheidungsunterlagen am besten Ihrem wütenden Ehemann vorlegen, ob und wie das Scheidungsgesetz Ihnen und Ihren Kindern Schutz vor einem gewalttätigen Ehemann bieten kann oder ob Sie einen Gerichtsbeschluß erwirken können mit der Anordnung, daß er das Haus verläßt. Wenn Sie um Ihre eigene oder die Sicherheit Ihres Kindes besorgt sind, weil Ihr Mann in der Vergangenheit schon gewalttätig geworden ist oder angedroht hat, Sie oder Ihr Kind zu töten, wenn Sie versuchen sollten, ihn zu verlassen oder die Scheidung einzureichen, dann kann Ihr Anwalt Ihnen die Adresse eines Frauenhauses in Ihrer Stadt oder zumindest in der Nähe vermitteln.[11]

Ziehen Sie zwar eine Scheidung in Betracht, können sich aber eine Trennung von Ihren Kindern nicht vorstellen, so müssen Sie herausfinden, wie es um Ihre Chancen steht, das Sorgerecht zu bekommen, wenn Ihr Fall als Streitsache vor Gericht kommt. Sagt Ihnen Ihr Anwalt, daß Ihre Chancen gut stehen, hilft Ihnen das möglicherweise bei der Entscheidung, ob es sich lohnt, selbst die Scheidung einzureichen, oder ob Sie Ihren Mann wegen des Sorgerechts unter Druck setzen, wenn Sie keine gütliche Einigung erzielen können. Es kann auch sein, daß der Anwalt sagt, in Ihrem Fall lasse sich keine Vorhersage über das Sorgerecht machen. Immerhin aber kann er Sie dahingehend beraten, was Sie tun können, um Ihre Chancen zu verbessern.

Sicherlich gibt es vieles, was Sie von Ihrem Anwalt erfahren möchten: Er soll Ihnen die Scheidungsgesetze erläutern; ob das »Verschuldungsprinzip«[12] von manchen Richtern vielleicht doch noch in Betracht gezogen wird, wenn es um das Sorgerecht und die Unterhaltszahlungen geht; wie lange es dauert, bis das Scheidungsurteil rechtskräftig wird, und wie eine gerichtliche Anhörung abläuft. Wenn Sie das erste Mal Ihren Anwalt aufsuchen, sind Sie wahrscheinlich nervös und vergessen vieles von dem, was Sie fragen wollten. Es ist deshalb ratsam, sich die Fragen gut zu überlegen, bevor Sie zum Anwalt gehen, und mit einer fertigen Liste bei ihm zu erscheinen. Wenn Sie irgend etwas von dem, was er Ihnen sagt, nicht verstehen, bitten Sie ihn, es Ihnen solange und so oft zu erklären, bis es Ihnen wirklich klar ist. Lassen Sie sich den Fachjargon nicht gefallen; alles, was Sie wissen müssen, kann man Ihnen auch in einfachen Worten erklären.

Sie sollten die Fragen Ihres Anwalts offen und ehrlich beantworten – vorausgesetzt, Sie sehen, welchem Zweck sie dienen. Sicher werden Ihre Antworten ihn nicht aus der Fassung bringen, und er wird alles, was Sie ihm erzählen, vertraulich behandeln. Denken Sie immer daran, daß er Ihnen keine verläßliche Antwort auf Ihre Frage geben kann, wenn Sie ihm wichtige Informationen vorenthalten.

## Nichtjuristische Fragen

Vielleicht bedeutet es für Sie als enttäuschten Ehepartner eine große Erleichterung, sich bei Ihrem Anwalt einmal über Ihre Gefühle aussprechen zu können – Ihrem Verbündeten in dieser so schwierigen Zeit. Dies mag Sie dazu verleiten, seinen Rat auch in persönlichen, nichtjuristischen Angelegenheiten zu suchen, bei Problemen also, die auf Sie und Ihr Kind während der Scheidung zukommen. Einige, wenn auch längst nicht alle Anwälte sind sehr geübt im Zuhören und zeigen viel Einfühlungsvermögen. Sie sollten aber nie vergessen, daß der Anwalt kein Freund, sondern ein fremder Mensch ist, der – zumindest was Ihr Privatleben betrifft – nicht viel über Sie und Ihre Familie weiß. Er ist dazu da, und darin ist er auch geschult, Sie zu beraten, *wie* Sie Ihre Scheidung durchsetzen können, und nicht, *ob* Sie es überhaupt tun sollten. Vor allem hat er keine Ausbildung als Eheberater, Psychotherapeut oder Psychiater. Das muß ihn natürlich nicht davon abhalten, Ihnen aus seiner eigenen Erfahrung als Mensch oder Vater heraus zu antworten; dies ist aber keine professionelle Beratung. Wenn es ihm angemessen erscheint, kann er Sie auch fragen, ob Sie schon einmal daran gedacht haben, die Hilfe eines professionellen Beraters in Anspruch zu nehmen, und er kann Ihnen normalerweise auch die Adresse eines Arztes, eines Psychotherapeuten oder einer Beratungsstelle geben. Einige Anwälte arbeiten sogar mit Psychotherapeuten oder Beratern zusammen. Im allgemeinen ist Ihr Anwalt jedoch nicht kompetent genug, um zu erkennen, ob Sie professionelle Hilfe brauchen oder nicht.

Wenn Sie also einen fachmännischen Rat in persönlichen Angelegenheiten suchen, sollten Sie sehr zurückhaltend sein, sich Ihrem Anwalt anzuvertrauen.

## Die Rolle des Anwalts vor Gericht

Wenn Sie sich erst einmal zu Trennung und Scheidung entschieden haben, brauchen Sie Ihren Anwalt nicht nur, um Informationen und fachlichen Rat zu erhalten, sondern auch als Ihren rechtlichen Vertreter. Er verhandelt mit dem Anwalt Ihres Ehepartners, sofern auch dieser durch einen Anwalt vertreten ist, er kann die Scheidungsvereinbarung vorbereiten und sie dem Richter übergeben. Wenn Sie keine Einigung über das Sorgerecht und die finanzielle Seite erzielen konnten, vertritt er Ihre Rechte auch vor Gericht, wenn Sie ihn dazu speziell beauftragen.

Sind Sie mit Ihrem Scheidungsverfahren erst einmal so weit gekommen, wird es Zeit, Ihr Kind mit den nächsten Schritten vertraut zu machen, damit es weiß, womit es zu rechnen hat. Naheliegend ist der Gedanke, Ihren Anwalt zu bitten, den weiteren Ablauf und die Veränderungen, die sich daraus für Ihr Leben ergeben, Ihrem Kind und Ihnen in verständlichen Worten zu erklären. Ohne je darüber nachgedacht zu haben, glauben Sie vermutlich wie die meisten Eltern, daß Sie zugleich Ihre und die Interessen Ihres Kindes vertreten können. »Was gut für mich ist, ist auch gut für mein Kind.« Dies trifft in den meisten Fällen auch zu, weil Kinder Eltern brauchen, die sich für sie verantwortlich fühlen und sie vor dem Einfluß anderer schützen. Aus diesem Grund werden einzelne Entscheidungen, die ja massiv in den Alltag Ihres Kindes eingreifen und Auswirkungen auf sein weiteres Leben haben, in das freie Ermessen der Eltern gestellt (außer natürlich in den Fällen, in denen Eltern sich strafbar machen). Kein Gesetz kann Eltern daran hindern, mit Ihrem Kind in eine andere Stadt oder gar ein anderes Land zu ziehen, ob dies nun einer besseren Stelle wegen geschieht oder weil Sie näher an einem Spielcasino wohnen wollen. Genausowenig hat ein Fremder das Recht, sich ungebeten in Familienangelegenheiten einzumischen; dies gilt auch dann, wenn ein bestimmter Lebensstil der Eltern es mit sich bringt, daß das Kind über längere Zeit getrennt von ihnen lebt, in einem Internat oder bei der Großmutter, oder daß es von Hausangestellten betreut wird.

Dies ändert sich oft bei der Scheidung. Aus Eltern werden Vater und Mutter, die im Streit miteinander liegen und von denen der eine größere Bedeutung für das Leben des Kindes haben kann als der andere. Das hat zur Folge, daß Ihr Interesse als Ehepartner ein anderes ist als Ihr Interesse als Elternteil. Der Ehepartner mag darauf bedacht sein, das beste für sich aus dem Verfahren herauszuholen, und sieht den anderen dabei als Widersacher. Der Vater bzw. die Mutter hingegen hat vor allem das Wohl des Kindes im Auge. Wut auf Ihren Partner beispielsweise oder der Wunsch, etwas gegen Ihre Schuldgefühle zu tun, weil Sie Ihre Familie verlassen haben, sind nicht unbedingt ausreichende Gründe, das Sorgerecht zu beantragen; zumindest dann nicht, wenn es Ihnen um die beste Lösung für Ihr Kind geht. Und die beste, mit allen juristischen Finessen ausgedachte Strategie, das Sorgerecht zu erlangen, bietet noch keine Gewähr dafür, daß Sie Ihrem Kind einen Gefallen tun.

Nehmen wir zum Beispiel an, Sie sind die Mutter eines zweijährigen Jungen, und sowohl Sie wie auch Ihr Mann möchten das Sorgerecht jeweils für sich. Ihr Mann ist wegen der Beziehung zu einer anderen Frau ausgezogen und hat das Scheidungsverfahren eingeleitet. Er ist immer ein liebevoller Vater gewesen; Sie würden deshalb auch keinen energischen Widerstand dagegen leisten, daß er Ihren Sohn auch nach der Scheidung weiter regelmäßig sieht, obwohl es Ihnen vielleicht lieber wäre, die beiden hätten keinerlei Kontakt mehr miteinander. Nun hat Ihr Mann über seinen Anwalt vor Gericht einen Antrag auf eine vorläufige Besuchsregelung gestellt, das heißt, er wünscht ein regelmäßiges Besuchsrecht, bis endgültig über das Sorgerecht entschieden ist. Nehmen wir weiter an, Sie und Ihr Ehepartner haben sich vor der Trennung die tägliche Betreuung und Versorgung des Kindes geteilt. Ihr Sohn hat eine gleich enge Beziehung zu Ihnen beiden entwickelt – ist also von Ihnen beiden in gleichem Maße abhängig –, und es ist nicht zu entscheiden, bei wem er sich wohler fühlen würde; am wohlsten natürlich bei Ihnen beiden – wenn Sie zusammenblieben. Wenn nun Ihr Anwalt lediglich an Ihr Ziel denkt, das Sorgerecht zu erhalten, könnte er Ihnen raten, gegen das vorläufige Besuchsrecht Ihres Mannes zu protestieren und zu versuchen, die letzte Anhörung so lange hinauszuzögern, daß sie erst frühestens in einem Jahr stattfindet. Wenn in dieser Zeit wirklich keine Besuche stattfinden, ist damit zu rechnen, daß bis dahin aus dem trostspendenden und liebevollen Vater ein fremder Mann geworden ist. Weil nun aber bei Sorgerechtsentscheidungen das Bedürfnis des Kindes nach einer gleichbleibenden Bezugsperson im Mittelpunkt steht und auch die Tatsache berücksichtigt wird, daß Kinder ein anderes Zeitgefühl haben als Erwachsene, könnte dies zum ausschlaggebenden Faktor für eine Sorgerechtsentscheidung in Ihrem Sinne werden. Wenn aber Ihr Anwalt, auf eigene Initiative oder auf Ihre Veranlassung hin, die Auswirkungen eines solch strategischen Vorgehens *auf Ihr Kind* mit in Betracht zieht, könnte er mit Ihnen gemeinsam überlegen, welche Vorteile es für Ihr Kind hätte, weiter regelmäßigen Kontakt mit seinem Vater zu behalten. Sollte das Gericht das Sorgerecht letztendlich dem Vater zusprechen, wäre es für Ihren Sohn schon schwer genug, sich von Ihnen zu trennen; wieviel schwieriger muß es für ihn sein, nun noch mit einem bis dahin gänzlich fremden Menschen zusammenzuleben. Wird das Sorgerecht jedoch Ihnen zuerkannt, wäre es schwierig für Ihr Kind, die alte Beziehung zu seinem Vater wiederherzustellen – selbst dann, wenn Sie zu diesem Zeitpunkt nichts mehr gegen Besuche des Vaters einzuwenden haben oder sie inzwischen sogar begrüßen; einmal ganz abgesehen davon, daß diese Besuche auch gegen Ihren Willen von Gerichts wegen angeordnet werden können.

Ein anderes Beispiel: Stellen Sie sich vor, Sie als Vater glauben, Ihre zehnjährige Tochter könnte dem Richter einiges über ihre Mutter erzählen, was seine Sorgerechtsentscheidung zu Ihren Gunsten beeinflussen könnte. In diesem Fall bedenken Sie aber und besprechen auch mit Ihrem Anwalt, welche Last Sie dem kleinen Mädchen damit aufladen würden, wenn es zwischen seinen Eltern Position beziehen, das heißt, gegen einen Elternteil aussagen müßte.

Es ist wichtig, daß Sie die Rolle des Anwalts in bezug auf Sie und Ihr Kind kennen und beides voneinander unterscheiden können. Indem er Sie als Elternteil vertritt, hat er eine Doppelfunktion: Er ist Ihr Berater und Ihr Rechtsbeistand in einer Person. In solchen Fällen wie den oben geschilderten Beispielen kann und sollte er gemeinsam mit Ihnen, dem Vater oder der Mutter, herausfinden, welche Vor- und Nachteile es jeweils für Sie hat, wenn Sie sich für bzw. gegen ein vorläufiges Besuchsrecht aussprechen, und auch, ob Ihr Kind als Zeuge auftreten sollte oder besser nicht. All dies natürlich primär *nicht* unter dem Aspekt, wie es sich für *Sie* auswirken würde, sondern vor allem unter dem Gesichtspunkt, was *für Ihr Kind* jeweils zu erwarten ist. Wenn Sie dann Ihren Anwalt fragen: »Was glauben Sie, was ich tun sollte?«, kann er Ihnen in seiner Rolle als Ihr Berater klar sagen, welcher Möglichkeit er den Vorzug gibt, die Interessen Ihres Kindes einer sicheren Strategie, das Sorgerecht zu erhalten, unterzuordnen, oder umgekehrt. Auch wenn Sie ihn nicht direkt um seinen Rat fragen, kann er Ihnen dennoch seine Überlegungen mitteilen, solange Sie nichts dagegen einwenden. Wenn Sie aber an seiner Meinung nicht interessiert sind oder sich seinem Rat nicht anschließen wollen, dann bleiben Ihrem Anwalt eigentlich nur zwei Möglichkeiten. Er kann Ihnen entweder mitteilen, daß er Ihren Fall nicht länger vertreten möchte, oder er muß in seiner Rolle als Anwalt Ihre Wünsche und die Belange Ihres Kindes, so wie Sie als Vater oder Mutter sie sehen, so gut wie möglich vertreten. Das gilt auch dann, wenn er persönlich nicht mit Ihnen übereinstimmt, sei es, weil er meint, Sie opfern Ihre Ansprüche zugunsten Ihres Kindes, oder umgekehrt, weil Sie seiner Meinung nach Ihr Kind nicht ausreichend in Ihre Überlegungen und Planungen einbeziehen. Sicher wollen Sie keinen Anwalt, der Sie ohne Überzeugung vertritt, der dem Richter zum Beispiel – absichtlich oder unabsichtlich – signalisiert, daß dem Vater ein vorläufiges Besuchsrecht eingeräumt werden sollte (obwohl Sie, seine Klientin, dagegen sind), oder der glaubt, Sie verdienten das Sorgerecht wegen Ihrer eigennützigen Haltung nicht.

Lassen Sie sich nicht durch Ihren Anwalt einschüchtern; letztendlich sind Sie es, die Ihr Kind großziehen müssen, und der Anwalt ist kein Kinderexperte, den Sie um seinen fachlichen Rat gebeten haben. Zögern Sie nicht, ihn geradeheraus zu fragen, ob er sich bestmöglich für Sie einsetzen wird, auch wenn er nicht mit Ihnen übereinstimmt. Wenn Sie irgendeinen Hinweis dafür finden, daß er sich Ihren Wünschen und Vorstellungen nicht beugt, suchen Sie sich am besten einen anderen Anwalt.

Etwas anderes ist es, wenn Ihr Anwalt zum Beispiel darauf besteht, das vorläufige Besuchsrecht Ihres Partners nicht zu unterlaufen, oder wenn er sich dafür ausspricht, Ihre kleine Tochter nicht als Zeugin zu benennen, weil es Ihrem Fall mehr schaden als nutzen würde. Überlegungen, ob eine bestimmte *juristische* Strategie Ihre Chancen vor Gericht verbessern würde oder nicht, gehören zu seinen Aufgaben als Anwalt.

# 6. Das Gerichtsverfahren

## Wenn Sie sich über das Sorgerecht geeinigt haben

Nur selten weisen Richter eine von Eltern erzielte Sorgerechtsvereinbarung zurück oder nehmen Veränderungen daran vor, auch wenn sie von Rechts wegen dazu ermächtigt sind. Der eine Richter lehnt vielleicht routinemäßig eine gemeinsame Sorgerechtsvereinbarung nach dem »Vogelnest«-Modell ab – eine Vereinbarung also, bei der Mutter und Vater abwechselnd in die Wohnung oder das Haus ziehen, in dem das Kind wohnt –, weil er einfach nicht daran glaubt, daß ein solches Arrangement gut für ein Kind sein kann. Einige Richter und Anwälte vertreten hierbei die Meinung, daß Richter Scheidungsvereinbarungen, die ihnen vorgelegt werden, sorgfältig und genau prüfen und sie auch ändern sollten, wenn ihrer Meinung nach das Wohl des Kindes anderen Überlegungen zum Opfer gefallen ist. Wir stimmen dem nicht zu. Ein Richter, auch wenn er noch so motiviert ist, kann gar nicht so viel über ein bestimmtes Kind in Erfahrung bringen, daß ein besseres Ergebnis gewährleistet wäre – insbesondere dann, wenn zumindest ein Elternteil mit seiner Entscheidung nicht einverstanden ist. Aber solche Einmischungen kommen relativ selten vor. Im allgemeinen akzeptieren Richter die Sorgerechtsvereinbarungen von Eltern, solange ihnen gewährleistet erscheint, daß sich sowohl Mutter als auch Vater über die Folgen ihrer Entscheidung im klaren sind.

Konnten Eltern jedoch nicht zu einer Einigung gelangen – wenn also um das Sorgerecht gestritten wird –, muß der Richter entscheiden und eine Sorgerechtsregelung anordnen.

## Wenn Sie sich nicht einigen können

Das Scheidungsgesetz bindet die Übertragung der elterlichen Sorge an das Kriterium des »Kindeswohls«. Allerdings besteht keine Einigkeit darüber, was unter diesem Begriff genau zu verstehen ist, bzw. wie das »Wohl des Kindes« gesichert und in die Tat umgesetzt werden kann. In früheren Jahren übertrugen Richter das Sorgerecht für kleine Kinder in den meisten Fällen den Müttern, und zwar mit der Begründung, daß Mütter sich besser um kleine Kinder kümmern könnten als Väter. Das vereinfachte die Aufgabe des Richters erheblich und machte den Ausgang der Entscheidung vorhersagbar, da die Notwendigkeit, erst einmal eine Vielzahl von Zeugen zu befragen, wer der bessere Elternteil sei, entfiel. Diese Annahme hat mit den Jahren an Bedeutung verloren. Männer nehmen für sich in Anspruch – und die Gesetze beginnen, dies auch anzuerkennen –, daß auch sie gute »Mütter«, sogar für sehr kleine Kinder, sein können. Aber die der Bevorzugung von Müttern zugrundeliegende Einsicht – daß ein Kind eine dauerhafte und verläßliche Pflegeperson braucht – tritt immer wieder dort in den Vordergrund, wo das Gesetz vom Richter verlangt, die »primäre Bezugsperson« des Kindes oder die »primäre psychologische Elternperson« zu begünstigen. Das Kriterium des »Kindeswohls« ist schwieriger zu handhaben, und das Ergebnis ist nicht so leicht vorhersagbar, wie wenn die Mutter bereits grundsätzlichen Vorrang hat.

Gewissenhafte Richter betrachten es immer wieder als schwierige Aufgabe, über das Sorgerecht zu entscheiden. Manchmal beklagen sich Eltern über die unsensible und wenig mitfühlende Haltung eines Richters. Und in der Tat mag sich der Richter selbst oft frustriert, beunruhigt und verwirrt fühlen angesichts der schweren Verantwortung, die er zu tragen hat; weil er weiß, wie wichtig seine Entscheidung für das Wohlergehen des Kindes ist, und weil er in vielen Fällen die »richtige« Antwort nicht finden kann, auch wenn oder gerade weil es eine so immense Zahl von Zeugenaussagen und Expertengutachten gibt. Richter können sich – wenn sie es auch oft nicht tun – ihre Aufgabe wesentlich vereinfachen, indem sie sich auf einige allgemeingültige Beobachtungen verlassen, die auf alle Kinder zutreffen und die nicht das Hinzuziehen eines Kinderpsychologen in jedem Einzelfall erfordern. Während also ein Richter abwägt, wem die elterliche Sorge zu übertragen ist, sollte er sich bewußt sein, daß weder er noch irgend jemand sonst die zukünftige Entwicklung genau voraussagen kann. Deshalb sollte er die ihm hier und jetzt am günstigsten erscheinende Lösung nicht aus Angst vor möglichen nachteiligen Folgen, die noch gar nicht absehbar sind, opfern – oder umgekehrt.

Wenn beispielsweise ein sechsjähriges Mädchen bisher von seinem Vater versorgt wurde, während die Mutter – aus welchen Gründen auch immer – nicht maßgeblich an der täglichen Sorge beteiligt war, sollte sich ein Richter nicht davon abbringen lassen, dem Vater das Sorgerecht zuzusprechen; auch nicht durch seine Überzeugung, daß Mädchen in der Pubertät und später sich eher an ihrer Mutter orientieren sollten oder daß es besser für sie sei, nicht in einem reinen Männerhaushalt zu leben. Auch wenn diese Überzeugungen grundsätzlich ihre Berechtigung haben, sind doch in der Zukunft Entwicklungen denkbar, die diesen Befürchtungen die Grundlage entziehen. Es kann sein, daß der Vater, wenn seine Tochter die Pubertät erreicht, eine Frau heiratet, die selbst drei Töchter mit in die Ehe bringt; oder die Mutter ist in der Zwischenzeit gestorben – oder andere, nicht vorhersehbare Ereignisse treten ein. Genau vorhersehbar ist aber die Tatsache, daß das Kind, wenn man es von seinem Vater trennt, hier und jetzt darunter leiden wird. Davor kann der Richter es schützen, wenn er dem Vater das Sorgerecht erteilt.

Oder wenn beispielsweise das Wohlergehen eines dreijährigen Jungen durch den Alkoholismus seiner Mutter bedroht ist, sollte ein Richter dem Vater das Sorgerecht nicht vorenthalten, nur weil ein medizinisches Gutachten besagt, daß die Mutter innerhalb von zwei Jahren »vollständig geheilt« sein werde. Soll ein Kind gedeihen, so sollte es nicht auf eine optimale Lösung in der fernen Zukunft warten müssen – es braucht diese hier und jetzt.

Und falls der Richter zu der Erkenntnis kommt, daß, wie bei vielen Sorgerechts-Auseinandersetzungen, sowohl der Ehemann als auch die Ehefrau gute Eltern sind und das Kind eine positive Beziehung zu beiden hat, wird er nicht versuchen, etwas zu tun, wozu er durch seine juristische Ausbildung und seine Berufserfahrung nicht qualifiziert ist: nämlich, feine Unterscheidungen zu machen zwischen Graden von elterlicher Befähigung und gefühlsmäßiger Bindung, um den »richtigen« Elternteil herauszufinden. In solchen Fällen ist es eher unwahrscheinlich, daß weitere langwierige Ermittlungen und Überlegungen eine schlüssigere und zuverlässigere Grundlage für die Entscheidung schaffen. Im Gegenteil, sie können dem Kind eher schaden, weil sie die unvermeidliche Unsicherheit über seine Zukunft gar noch verlängern. Wo es nur geringe Anhaltspunkte für die Wahl entweder des einen oder des anderen Elternteils gibt, tut ein Richter gut daran, vor allem eine rasche Entscheidung zu treffen, egal für wen. Wenn sowohl Mutter als auch Vater gleichermaßen befähigt erscheinen, die Sorge für ihr Kind zu übernehmen – weil sie sich während des Zusammenlebens gemeinsam um die Erziehung des Kindes gekümmert haben –, so kann der Richter auch hier nicht automatisch eine Entscheidung für gemeinsames Sorgerecht fällen, das sie verpflichtet, auch nach der Scheidung das Kind gemeinsam zu erziehen. Es gibt nur wenige Fälle, in denen beide Elternteile bereit und in der Lage sind, die elterliche Sorge gemeinsam zu tragen und wirklich zusammenzuwirken. Gelingt dies nicht, wird das gemeinsame Sorgerecht das Kind nur einem fortdauernden Konflikt aussetzen, aus seiner Sicht also eher die schlechteste Lösung des Streits darstellen.

Wenn die Anwendung allgemeiner Grundsätze in einem konkreten Fall nicht zu einer befriedigenden Lösung führt, gibt es für den Richter eine ganze Reihe weiterer Informationsquellen, die es ihm ermöglichen, eine bessere Entscheidung »zum Wohle des Kindes« zu treffen.

# Sorgerechtsermittlungen

Wenn der Richter es für notwendig halten sollte, so kann er nach dem Jugendwohlfahrtsgesetz einen Mitarbeiter des Jugendamtes mit amtlichen Sorgerechts-Ermittlungen beauftragen. Dies ist nach deutscher Gerichtspraxis bei jeder Sorgerechtsentscheidung üblich. Es handelt sich hierbei um Ermittlungen zur Person der Mutter oder des Vaters, zu ihren Gewohnheiten und Lebensbedingungen und zu ihrer Beziehung zum Kind. Möglicherweise verläßt sich der Richter im weiteren Verfahren ganz auf die daraus resultierenden Empfehlungen, weil die Ermittlung »unparteiisch« war, das heißt von einer Person durchgeführt wurde, die vom Gericht bzw. vom Jugendamt und nicht von einer der beteiligten Parteien beauftragt war. Außerdem meint er vielleicht, sich auf die Ergebnisse des mit der Ermittlung Beauftragten mehr verlassen zu können als auf die Zeugenaussagen des Ehemanns, der Ehefrau und ihrer Freunde während der Gerichtsverhandlung. Aber vom Standpunkt Ihres Kindes aus ist diese Zuversicht nicht unbedingt gerechtfertigt. Die beim Jugendamt für solche Ermittlungen verantwortlichen Dienststellen sind sehr häufig unterbesetzt und die Mitarbeiter manchmal nicht genügend geschult, um herauszufinden, was Kinder brauchen. Dieses Fehlen von Professionalität bei der Entscheidungsfindung einerseits und einer gesetzlich bzw. rechtlich klaren Umschreibung des Begriffs »Kindeswohl« auf der anderen Seite führen dazu, daß der Untersuchungsbeauftragte vermutlich den Elternteil als Sorgeberechtigten vorschlägt, den er persönlich vorziehen würde. Auch wenn sein Bericht dem Richter mehr über Sie und Ihr Kind sagt, als anderweitig in Erfahrung zu bringen wäre, können die darin geäußerten Beobachtungen unter Umständen oberflächlich, irreführend oder ganz und gar irrelevant für die Belange Ihres Kindes sein. Zudem kann Ihr Kind solche gerichtlich angeordneten Ermittlungen, die manchmal auch die Hinzuziehung von Gutachtern erfordern, als zudringlich und überaus störend empfinden.

Sie haben aber eine ganze Reihe von Möglichkeiten, wie Sie den Untersuchungsbeauftragten unterstützen und gleichzeitig

Ihrem Kind helfen können. Bleiben Sie ruhig und kooperativ. Versuchen Sie, Auseinandersetzungen und offenen Streit zu vermeiden. Gehen Sie auf alle Fragen ein und halten Sie keine Informationen zurück, aber haben Sie auch keine Bedenken, darüber zu sprechen, wie man Eingriffe in das Leben Ihres Kindes möglichst gering halten kann. Und erklären Sie Ihrem Kind genau, worum es geht, um Ängste gar nicht erst entstehen zu lassen. Es kann sein, daß in Ihrem Fall die Sorgerechts-Ermittlung ganz unproblematisch verläuft, weil die beauftragte Person einfühlsam und vernünftig vorgeht und weil Ihr Kind von den Ereignissen relativ unbeeindruckt bleibt. Erweist sich die Ermittlung jedoch für Sie als unangenehme Erfahrung, bleibt Ihnen und Ihrem Kind keine andere Wahl, als sich mit dem Unvermeidlichen abzufinden und das Beste daraus zu machen.

## Gutachterliche Empfehlungen

Eine andere Informationsquelle für den Richter sind die Aussagen von Gutachtern. Psychologen, Psychiater, Sozialarbeiter und andere im sozialen Bereich Tätige können im Zweifelsfall zu Rate gezogen werden – von einem der Anwälte oder vom Richter selbst –, um eine Sorgerechtsentscheidung im Sinne des Kindes zu treffen. Dies bringt einige Probleme mit sich. So kann man in Gerichtssälen gar nicht selten einem Streit zwischen Experten beiwohnen, und es gibt Fälle, in denen Mütter und Väter, die um das Sorgerecht streiten und über die entsprechenden Mittel verfügen, sich einen Experten »einkaufen«, damit er ihre Seite vertritt. Aber fairerweise muß gesagt werden, daß auseinandergehende Expertenmeinungen normalerweise nicht in Verbindung zu bringen sind mit der jeweiligen Partei, die die Kosten trägt. Eher ist es so, daß gleich gut ausgebildete, gleich kompetente und unparteiische Gutachter oft zu unterschiedlichen Empfehlungen kommen, je nachdem, von welchem philosophischen oder psychologischen Standpunkt aus sie ihre Untersuchungen anstellen und wie streng und aufrichtig sie die Sorgerechtsangelegenheit aus der Perspektive des Kindes betrachten.

So sind sich zwar Experten darüber einig, daß Kinder eine dauerhafte und zuverlässige Beziehung zu mindestens einem Elternteil aufbauen müssen, der für die Erfüllung ihrer alltäglichen Bedürfnisse sorgt; gleichzeitig halten aber einige Kinderpsychologen – und zwar aufgrund ihrer Ausbildung und ihrer klinischen Erfahrung – Kinder für so unverwüstlich, daß sie ihnen zutrauen, ihr inneres Gleichgewicht auch nach so einschneidenden Erlebnissen wie der Trennung ihrer Eltern wiederzufinden. Sie verweisen auf Untersuchungen an Kindern, welche zeigen, daß ihre Lernfähigkeit auf lange Sicht durch die Trennungserfahrung nicht beeinträchtigt wurde. Und sie gehen davon aus, daß aufwühlende Gefühlserlebnisse und innere Störungen bei Kindern – zum Teil, weil sie sich nicht in einer verringerten Lernfähigkeit widerspiegeln – eher unbedeutend und vorübergehender Art sind. Fachleute dieser Provenienz[13] weisen auch gerne darauf hin, daß Verhaltensauffälligkeiten und Entwicklungsrückschritte, wie man sie oft als Folge einer Trennung oder Scheidung erlebt – zum Beispiel wiederholtes Bettnässen und Daumenlutschen bei Kleinkindern, Trennungsängste bei älteren Kindern vor dem Weg zur Schule oder ausgeprägte Anzeichen von Rebellion oder auch Depressivität bei Jugendlichen – normalerweise nur von kurzer Dauer sind. Wenn sie Sorgerechts-Empfehlungen aussprechen, betonen sie üblicherweise Persönlichkeitszüge und Erziehungsstile der streitenden Eltern.

Andere Entwicklungspsychologen[14] – deren Sichtweise wir teilen – halten die Lernfähigkeit weder für den einzigen noch den wichtigsten Maßstab für das Wohlergehen eines Kindes; sie meinen, daß Robustheit und Anpassungsfähigkeit angesichts eines Trennungserlebnisses nicht unbedingt die gesunde emotionale Entwicklung des Kindes fördern. Die Unterbrechung oder gar das Abbrechen einer festen und auf Dauer angelegten Beziehung mit einem liebevollen und umsorgenden Elternteil hinterlasse immer Narben, die niemals ganz verheilen und die sich negativ auf die Fähigkeit des Kindes auswirken können, zukünftig stabile Beziehungen aufzubauen und selbst später ein guter Vater bzw. eine gute Mutter zu werden. Solche Experten werden wahrscheinlich empfehlen, das Kind bei demjenigen Elternteil zu lassen, zu dem es die stärkere Bindung hat (vorausgesetzt, sie können diesen Elternteil bestimmen), auch dann, wenn der andere Elternteil wohlhabender, intelligenter, konsequenter, geduldiger und insgesamt ansprechender erscheint.

## Zeugenaussagen

Zusätzlich zu den Ratschlägen und Gutachten von Fachleuten zieht der Richter auch die Aussagen der Eltern hinzu, doch auch Nachbarn, Freunde und Lehrer, die das Kind zusammen mit seinen Eltern erlebt haben, können zur Stellungnahme aufgefordert werden. Hier taucht nur die Schwierigkeit auf, daß die Fähigkeit eines Richters, die Glaubwürdigkeit eines Zeugen zu bestimmen, in Sorgerechtsfällen weniger hilfreich ist als in anderen Angelegenheiten. Dies liegt daran, daß es in der Beziehung zwischen Eltern und ihren Kindern nur wenige »absolute Wahrheiten« gibt. Ihr unantastbarer Wert wird dem Richter vielleicht nicht dadurch genügend deutlich, daß er die Zeugen hört und darauf achtet, wie sie ihre Aussagen machen. Und nur allzu oft betrachten Zeugen die Eltern-Kind-Beziehung mit den Augen eines Erwachsenen und nicht mit denen eines Kindes.

## Einbeziehung des Kindes

Natürlich kann auch neben den Eltern, einem Vertreter des Jugendamts und anderen Zeugen das Kind selbst in der Gerichtsverhandlung als Zeuge gehört werden. Doch auch dieses Verfahren muß nicht notwendigerweise zu einer besseren und vernünftigeren Sorgerechts-Entscheidung des Richters führen. Richter und Anwälte sind normalerweise nicht dazu ausgebildet, zu erkennen, ob ein Kind wirklich genau das meint, was es sagt, wenn es seine Vorliebe für eine bestimmte Sorgerechts-Regelung zum Ausdruck bringt. Und genausowenig haben sie die fachliche Qualifikation, das Verhalten eines Kindes zu interpretieren, das noch zu klein ist, um seine Wünsche in Worte zu fassen. Doch selbst wenn es einem Richter gelingt – und sei es mit Hilfe eines Kinderpsychologen, der Worte und Verhalten eines Kindes versteht und daraus Schlüsse ziehen kann –, die Wünsche und Vorlieben des Kindes genau zu bestimmen, so ist dies nicht unbedingt von Vorteil. Es kann kaum im Interesse des Kindes liegen, wenn man es auffordert, sich zwischen seinen Eltern zu entscheiden, und schon gar nicht, wenn es weiß, daß seine Aussage Einfluß auf die Entscheidung eines Richters haben wird. Kindern fehlt meistens ganz einfach die Reife, um eine überlegte Entscheidung treffen zu können. Außerdem löst eine derartige Wahl im Kind leicht das Gefühl aus, sich treulos dem einen Elternteil gegenüber zu verhalten, ihn gar zu verraten. Dies kann verheerende Folgen sowohl für das Kind als auch für den Elternteil haben, den es »abweist«. Aus genau diesem Grund verlangt das Gesetz auch, daß die Sorgerechts-Entscheidung letztendlich von Erwachsenen getroffen wird.

Sie sollten einige dieser Punkte erwägen, wenn Sie daran denken, Ihr Kind als Zeuge auftreten zu lassen. Für den Fall, daß Ihr Kind vor Gericht aussagen muß, können Sie ihm einen großen Dienst erweisen: Versichern Sie ihm, daß es sich keineswegs treulos Ihnen gegenüber verhält, wenn es offen über Sie spricht oder wenn es ehrlich sagt, bei wem es lieber wohnen würde. Und einem kleinen Kind können Sie zu verstehen geben, daß, egal was es sagt, der Richter und nicht das Kind die Entscheidung treffen wird. Dies gilt nicht unbedingt bei älteren Kindern. Vom Gesetz her kann das Votum eines Kindes ab 14 Jahren in der Tat der entscheidende oder jedenfalls ein bestimmender Faktor für die Sorgerechtsentscheidung sein. Auch in diesem Fall wird es Ihrem Kind helfen, wenn Sie ihm versichern, daß Sie es auch weiterhin lieben werden, egal, für wen es sich ausspricht.

## Der Anwalt des Kindes – eine sinnvolle Einrichtung?

Kinder sind ganz existenziell von ihren Eltern abhängig und haben deshalb natürlich ein enormes Interesse daran, wie das Scheidungsverfahren abläuft und wie es ausgeht. Für sie steht schließlich eine Menge auf dem Spiel. Die Gesetzgebung in den USA hat diesem Sachverhalt dadurch Rechnung getragen, daß sie Kindern einen eigenen »Beteiligtenstatus« als Interessengruppe gegeben und als Konsequenz daraus einen eigenen Anwalt für das Kind eingeführt hat. Nun ist es zwar für Kinder generell am besten, wenn es ihren Eltern auch während ihrer Trennung gelingt, gemeinsam und ohne fremde Einmischung über die Betreuung und Erziehung ihrer Kinder zu entscheiden. Uneinigkeit hinsichtlich des Sorgerechts bedeutet jedoch zugleich Uneinigkeit darüber, welche Lösung die Belange des Kindes am besten berücksichtigt. Gehen die Ansichten in diesem Punkt auseinander, so könnte es schon von Vorteil sein, einen unparteiischen Rechtsbeistand einschalten zu können, der die Interessen des Kindes angemessen und eindeutig vertritt. Das bundesdeutsche Familienrecht sieht aber die Einsetzung eines solchen Anwalts für das Kind nicht vor. Man argumentiert, daß es ja schließlich der Richter selbst sei, der das Kindeswohl zu wahren und seine Entscheidung an diesem Prinzip auszurichten habe. Doch hat nicht ein Anwalt mehr und andere Möglichkeiten als ein Richter, herauszufinden, welche konkreten Schritte dem Wohl des Kindes mehr dienen und welche weniger? Um einer Antwort auf diese Frage näherzukommen, wollen wir uns hier einmal die Vorteile, Nachteile und Schwierigkeiten vor Augen führen, die die Einführung eines Anwalts des Kindes hier bei uns hätte. Dabei stützen wir uns auf Erfahrungen und mögliche Konsequenzen aus der Praxis einer solchen Regelung in den USA:

Die Aufgaben eines vom Gericht benannten Anwalts des Kindes waren vielfältig. Er konnte, nachdem er eine Einschätzung des Kindeswohls getroffen hatte, Vorschläge machen und Empfehlungen aussprechen und das Kind als Anwalt vor Gericht vertreten. Er konnte seine Rolle aber auch darauf beschränken, herauszufinden, was das Kind möchte, dieses dem Richter vortragen und versuchen, den Wunsch des Kindes durchzusetzen. Doch unabhängig davon, wie sich die Vertretung eines Kindes konkret für den Anwalt gestaltet: Sie wird sich immer wesentlich davon unterscheiden, wie er das Mandat für einen Erwachsenen wahrnimmt. Anwälte, die Erwachsene vertreten, wissen, daß sie sich an den Wünschen ihrer Klienten orientieren können und müssen. Dagegen wird und kann der Anwalt eines Kindes nicht von vornherein mit klaren und entschiedenen Vorstellungen und Anweisungen bei seinem Mandanten rechnen. Kinder im Vorschulalter können noch nicht mit Worten ausdrücken, welche Sorgerechtsregelung sie bevorzugen und warum. Ältere Kinder sind möglicherweise zu ängstlich, verwirrt, zu beschämt oder auch zu unsicher, um zu sagen, was sie am liebsten hätten, vor allem in Anbetracht der Tatsache, daß sie das, was sie sich wirklich wünschen, nicht haben können: eine vereinte Familie nämlich. Weiterhin sind Rechtsanwälte in den meisten Fällen nicht geschult genug, die Wünsche von Kindern zu bestimmen. Auch ist bei älteren Kindern längst nicht gesichert, ob das, was sie als ihren Wunsch angeben, wirklich das ist, was sie wollen. Nehmen wir das Beispiel einer Vierzehnjährigen, die angibt, sie wolle abwechselnd bei ihrem Vater und bei ihrer Mutter leben. Sie sagt dieses aber nicht, weil sie es wirklich so will, sondern weil sie auf diese Weise vermeidet, sich zwischen zwei Menschen entscheiden zu müssen, die sie beide liebt und beide auf ihre Art braucht. Doch selbst wenn der Anwalt recht genau wüßte, welche Sorgerechtsregelung sein kindlicher Klient bevorzugt, könnte er dennoch dem Richter eine andere Lösung vorschlagen. Das würde natürlich nur für solche Anwälte gelten, die ihre Aufgabe nicht nur darauf beschränkt sehen, sich ohne eigenverantwortliches Engagement lediglich zum Sprecher ihrer Mandanten zu machen. Was ein Kind sich wünscht, muß nicht unbedingt zu seinem Besten sein; auf jeden Fall sollten aber die Wünsche eines Kindes zur Entscheidungsfindung mit herangezogen werden, natürlich unter Berücksichtigung seines Alters, seines Entwicklungsstandes und der jeweiligen Gesetzeslage. Aber ein Kind sollte nicht damit belastet werden, die Entscheidung selbständig fällen zu müssen; zum einen fehlt es ihm noch an der dazu erforderlichen Reife und Urteilskraft, zum anderen wäre es nicht fair, es dazu zu zwingen, zwischen seinen Eltern zu wählen.

Ein Anwalt des Kindes kann sich nicht an Sie, die Eltern des Kindes, wenden, um Anweisungen hinsichtlich des Sorgerechts zu erhalten, da er ja genau deshalb berufen wurde, weil man Ihnen beiden nicht zugetraut hat, die Interessen Ihres Kindes einwandfrei zu vertreten. Das würde nicht ausschließen, daß er Sie um Ihre Mitarbeit bittet; denn auch, wenn Sie über die Sorgerechtsregelung oder das Besuchsrecht anderer Ansicht wären als er, so kann doch über die Bedürfnisse und Gewohnheiten Ihres Kindes und sein Verhältnis zu Ihnen beiden niemand mehr aussagen als Sie selbst. Sie könnten dem Anwalt helfen, indem Sie ihn nicht nur informierten, sondern darüber hinaus auch Ihrem Kind seine Rolle erklärten und es ermutigten, sich ihm gegenüber frei und offen zu äußern. Zusätzlich zu den Gesprächen mit Ihnen könnte der Anwalt sich auch über andere Kanäle Informationen verschaffen und müßte dieses sogar manchmal tun, indem er zum Beispiel mit Nachbarn, Lehrern und dem Kind selbst spricht. Er kann auch von sich aus einen Kinderpsychologen hinzuziehen und mit diesem gemeinsam versuchen, etwas über die Wünsche des Kindes und sein Verhältnis zu Ihnen beiden zu erfahren. Dabei kann er seine Aufgabe um so besser erfüllen, je mehr Informationsquellen er nutzt und je fundierter er dem Richter seine Überlegungen schließlich vortragen kann.

Schließlich kann sich ein Anwalt des Kindes auf die Gesetze oder auf den Richter selbst berufen. Zum Beispiel ist gesetzlich festgelegt, daß die Wünsche eines Kindes ab einem Alter von 14 Jahren zu berücksichtigen sind. Wenn also ein Anwalt ein Kind in diesem Alter vertreten würde, beschränkte sich seine Aufgabe wirklich nur darauf, herauszufinden, was sich sein Mandant wünscht, ohne weitere Befragung anderer Personen anzustellen.

Sie könnten Ihrem Kind helfen, indem Sie mit seinem Anwalt die möglichen Nachteile ausführlicher Erkundigungen diskutieren. Mit Lehrern und Nachbarn zu sprechen und auch das Kind selbst zu befragen, bedeutet in jedem Fall eine Einmischung in seine Intimsphäre; sie sollte auf ein Mindestmaß beschränkt bleiben, das sich gerade noch mit der Notwendigkeit, wesentliche Informationen zu erhalten, vereinbaren läßt. Wenn also einer von Ihnen beiden das Kind fast ausschließlich allein und ohne Hilfe des anderen erzogen hat – aus welchen Gründen auch immer –, ist es unwahrscheinlich, daß durch Informationen der Nachbarn oder Lehrer der Anwalt eher in der Lage wäre, eine vernünftige Empfehlung an den Richter auszusprechen. Und wenn der Anwalt herausfinden sollte, auf welchen Ausgang Ihr Kind hofft, könnten Sie ihm vorschlagen, diese Aufgabe besser einem Kinderpsychologen zu übertragen, anstatt das Kind selbst zu befragen, besonders, wenn es noch sehr klein ist. Vor allem aber sollten Sie ihm nahelegen, dem Kind, wenn es eben geht, zu ersparen, daß es sich für einen von Ihnen entscheiden muß.

Aus der Sicht des Kindes hätte ein vom Gericht benannter Anwalt ebenfalls Nachteile. Einmal abgesehen von den möglichen Belastungen, die dessen Ermittlungen verursachen könnten, gäbe es für das Kind keine Garantie, daß die Sorgerechtsempfehlung des Anwalts tatsächlich in seinem Sinne wäre. Mancher Anwalt wird sich vielleicht seiner Aufgabe nicht mit der gebotenen Sorgfalt und Ausdauer widmen oder hätte vielleicht ganz einfach nicht das erforderliche Einfühlungsvermögen. Aber selbst wenn Sie und Ihr Ehepartner sich auf einen bestimmten Vertreter für Ihr Kind geeinigt und dem Richter dessen Namen genannt hätten und dieser Ihre Wahl gebilligt hätte, so hätten Sie noch immer keine Garantie für ein allseits befriedigendes Ergebnis.

Fehlt dem Anwalt nämlich eine klare Weisung, die über die vage Bezeichnung »Kindeswohl« hinausgeht, und sieht er sich statt dessen mit den Vorschlägen zweier uneiniger Elternteile konfrontiert, so wird er sich vielleicht letztendlich auf seine eigenen Vorstellungen darüber, was »gute« Eltern auszeichnet, verlassen. Dabei vergißt er vielleicht, daß es im Falle einer Trennung keine ideale Alternative gibt. Anstatt nach der bestmöglichen Lösung unter den obwaltenden Umständen zu suchen, stellt er sich möglicherweise vor, er oder sein eigenes Kind seien in der Situation Ihres Kindes, und er fragt sich: »Würde ich (oder mein Kind) diesen Menschen gern zum Vater oder zur Mutter haben?« So kann es dazu kommen, daß er Vorschläge macht, die für die Belange Ihres Kindes völlig irrelevant und unsinnig sind.

Es ist zum Beispiel denkbar, daß der Anwalt bestimmte Menschen nicht ausstehen kann, wie Übergewichtige, Vegetarier, Männer mit Bart, ungebildete Menschen, Bewohner von Wohngemeinschaften oder Mütter, die ihre Kinder anschreien und verhauen, oder Väter, die sich ungehobelt ausdrücken, Leute, die Termine beim Anwalt nicht einhalten sowie schlechte Hausfrauen, Karrierefrauen oder Männer ohne geregeltes Einkommen. Vielleicht denkt er, daß wohlerzogene, zuverlässige, zärtliche und gutmütige Frauen, die nicht den Wunsch verspüren, außerhalb des Hauses zu arbeiten, die besseren Mütter sind und daß vielbeschäftigte, nüchterne Männer, die auch Strafen nicht ablehnen, gute Väter seien. Oder er denkt genau das Gegenteil. In beiden Fällen macht er sich nicht klar, daß keiner dieser Charakterzüge bei einem Elternteil irgendeine Bedeutung für das Wohlergehen seines kindlichen Mandanten zu haben braucht. Es wird ihm bei dieser Sichtweise nicht gelingen, die wirklich entscheidenden Qualitäten und Fähigkeiten desjenigen Elternteils zu erkennen, der besser als Sorgeberechtigter geeignet ist. In eine in Jahren gewachsene Beziehung, die auf Liebe und Vertrauen basiert, sollte auf keinen Fall eingegriffen werden; denn der Elternteil, an den das Kind seit Beginn seines Lebens gebunden ist, kann ihm auch am besten die erforderliche Zuwendung und Liebe entgegenbringen. Ein weiterer Grund, weshalb die Empfehlung eines Anwalts für das Kind nicht unbedingt vorteilhaft sein muß, besteht darin, daß der Anwalt vielleicht nur schwer zwischen dem Verhalten der Eltern während der Scheidung und ihrem sonstigen normalen Wesen unterscheiden kann. Seine während der Scheidungszeit entwickelte Sympathie bzw. Abneigung trübt unter Umständen seine Sicht darauf, welche Empfehlung im Sinne des Kindes die richtige ist. Vielleicht empfindet er unbewußt, daß ein Vater, dessen Frau ihn wegen eines anderen Mannes verlassen hat, nicht auch noch seine Kinder verlieren sollte, auch wenn diese ein engeres Verhältnis zur Mutter haben, oder daß umgekehrt ein Mann, der seine Frau durch seine Knauserigkeit und sein herabwürdigendes Verhalten dazu getrieben hat, die Familie zu verlassen, das Sorgerecht nicht erhalten sollte; selbst dann nicht, wenn sie inzwischen depressiv geworden sein sollte, so daß er längerfristig eher in der Lage wäre, allein für die Kinder zu sorgen.

Anwälte und andere Fachleute, die mit Sorgerechtsentscheidungen zu tun haben, vergessen oft, daß es nicht im Interesse des Kindes sein kann, einem Elternteil das Sorgerecht gewissermaßen als Kompensation für Verletzungen und Leid, das ihm der Ehepartner zugefügt hat, zuzusprechen.

Und selbst dann, wenn er die Fallgrube vermeiden würde, sich durch seine persönliche Definition von »guten Eltern« und seine Sympathie für Vater oder Mutter leiten zu lassen, könnte der gerichtlich bestimmte Anwalt des Kindes den Begriff »Kindeswohl« so interpretieren, daß er den Bedürfnissen Ihres Kindes nicht gerecht wird.

Ein Beispiel aus den USA: In einem Fall, in welchem es um die Besuchsregelung ging – häufig ein strittiger Punkt bei Sorgerechtsverhandlungen –, klappte es nicht mit den Besuchen nach der ausgehandelten Regelung. Das zehnjährige Kind protestierte energisch gegen die Besuche bei seinem Vater und war ganz offensichtlich verängstigt, angespannt und unglücklich. Mutter und Vater fochten erbitterte Kämpfe um jeden anstehenden Besuch aus. Der für das Kind hinzugezogene Anwalt empfahl, die Besuche nach dem gerichtlich verfügten Zeitplan fortzusetzen. Vor Gericht gab er an, daß er dem kleinen Mädchen erklärt habe, wie wichtig es für es sei, seinen Vater regelmäßig zu sehen. Den Eltern habe er geraten, besser zu kooperieren, um die Besuche erfolgreicher zu machen. Der Anwalt war zudem der Ansicht, daß die von ihm so charakterisierten »heftigen Überreaktionen« des Kindes und der Eltern eine psychologische Beratung aller Beteiligten erforderlich mache und daß das Gericht eine solche anordnen solle.

Hier wurde also ein Anwalt mit der Tatsache konfrontiert, daß Besuche des nichtsorgeberechtigten Elternteils, die er im Interesse des Kindes für wichtig hielt und die auch durch das Gericht festgelegt worden waren, bei diesem speziellen Kind nicht funktionierten. Anstatt nun die Besuchsregelung zu verändern und sie für das Kind erträglicher zu gestalten, hielt er an einem unrealistischen Ideal fest und schlug vor, die offensichtlichen Probleme der Familienmitglieder durch einen Fachmann behandeln zu lassen. Ob das besagte Kind von seinem Anwalt wirklich profitierte, bleibt in diesem Fall zu bezweifeln. Viele ähnliche Fälle sind ebenso denkbar wie solche, in denen Eltern und Kind von der Existenz eines Anwalts, der nur die Interessen und das Wohl des Kindes im Auge hat, profitieren würden.

Ob seine Einführung sinnvoll wäre, ist unter Juristen wie unter Psychologen ein strittiger Punkt. Eines ist jedoch sicher: Wenn ein Anwalt auch noch so klare Anweisungen vom Richter oder durch die Gesetze hätte und sich nach Kräften über die Interessen Ihres Kindes informierte, so könnte er doch nicht eine auch nur annähernd so befriedigende Besuchsregelung finden wie Sie als Eltern, wenn Sie sich nur einig werden können!

## Die richterliche Entscheidung im Streitfall

Auch wenn es oft schwierig ist, im Einzelfall das »Kindeswohl« zu bestimmen, so heißt das nicht, daß Richtern so etwas nie gelingt. Ein guter Richter, der seine Erfahrung und seine Ausbildung einsetzt, weiß, wie er an wichtige Informationen herankommt, um eine kluge Sorgerechtsentscheidung zu treffen. Besonders leicht wird ihm das fallen, wenn der Begriff Kindeswohl in bestimmten Teilbereichen bereits durch höchstrichterliche Entscheidungen genauer bestimmt worden ist. Wäre z.B. der in einem Fall zu entscheidende Teilbereich, »eine kontinuierliche Betreuung zu sichern«, so wird er sich die höchstrichterlichen Richtlinien zur Ermittlung der Hauptbezugsperson als Entscheidungshilfe nehmen. Das Ergebnis der Beweisaufnahme wird dann ganz deutlich in die eine Richtung weisen.

Liegt die Entscheidung aber nicht so klar auf der Hand, weil die Anhaltspunkte und Angaben, anstatt einen roten Faden zu liefern, nicht eindeutig sind, so greift der Richter möglicherweise auf die Ansichten anderer zurück, die oft weniger Erfahrung, Gespür oder Einsicht in den Fall haben als er selbst. Oder er ignoriert die Meinung von Experten ganz und verläßt sich lediglich auf sein eigenes Gefühl, seine eigenen Vorlieben und Vorurteile.

Schwerwiegende Folgen kann auch eine Entscheidung wie die folgende haben, die z.B. in den USA möglich ist: Konfrontiert mit zwei Elternteilen, die beide das Sorgerecht übernehmen könnten, ordnet der Richter kurzsichtigerweise gemeinsames Sorgerecht an, obwohl einer der beiden dagegen protestiert (oder sogar, wie das in mehr als einem Fall passierte, beide Elternteile dagegen waren), mit dem Ergebnis, daß das Kind einer hohen nervlichen Belastung ausgesetzt ist. Dieses Kind, das schon durch die diversen Aufschübe aufgrund der Einsprüche und Befragungen der Anwälte eine unerträgliche Zeit der Unsicherheit hinter sich hat, wird dann also am Ende noch mit einer Regelung konfrontiert, die ihm und seinen Eltern nur schwer zu akzeptierende Lebensbedingungen auferlegt. Diese können zum Beispiel so aussehen, daß künftig Absprachen mit dem nichtsorgeberechtigten Elternteil angeordnet werden, obgleich sich schon vorher beide Partner gerade in Erziehungsfragen nie einig werden konnten, oder daß der sorgeberechtigte Elternteil nur mit richterlicher Erlaubnis an einen anderen Ort ziehen darf. Solche Anordnungen, die in der guten Absicht getroffen werden, die Beziehung des Kindes zu beiden Elternteilen aufrechtzuerhalten, können genau das Gegenteil bewirken. Wenn das Kind zu einer Waffe im fortgesetzten Krieg der Eltern wird und es Vater und Mutter gegeneinander ausspielen kann, wird es mit Sicherheit zu keinem Elternteil eine ungestörte, gesunde Beziehung bewahren.

Stellen Sie sich eine sorgeberechtigte Mutter vor, die umziehen will, weil sie woanders einen besseren Arbeitsplatz gefunden hat oder weil sie sich wieder verheiratet hat und ihrem zweiten Mann folgen will. Sie muß sich nun für die Aufgabe ihrer Pläne oder den Verzicht auf das Sorgerecht entscheiden.

Zusammengefaßt läßt sich sagen, daß es im allgemeinen besser ist, wenn Sie und Ihr Partner mit oder ohne Hilfe von Anwälten die Sorgerechtsfrage allein lösen können und nicht einem Richter die Entscheidung überlassen, bei wem Ihr Kind leben und wie oft es den anderen Elternteil sehen soll.

Sie werden Ihrem Kind nur dann wirklich gerecht, wenn Sie sich beide ganz auf seine Bedürfnisse konzentrieren, auf seine Stärken, Schwächen und die jeweilige Bindung an jeden von Ihnen, und wenn Sie davon absehen können, mit einem Kampf um das Sorgerecht zu drohen und diese Drohung einzusetzen, um finanzielle Vorteile zu gewinnen, oder aus bloßem Trotz auf dem Sorgerecht zu bestehen. Und selbst dann, wenn Ihre Vereinbarung aus eigennützigen Motiven zustande kommt, würde die Entscheidung eines Richters nicht notwendigerweise die bessere sein. Auch normale, also vereinte Familien treffen Entscheidungen, die den Bedürfnissen eines Familienmitglieds mehr entgegenkommen als denen der anderen. Dies bedeutet aber noch lange nicht, daß die Kinder besser dran wären, wenn Gerichte anstelle ihrer »eigennützigen« Eltern die Entscheidung treffen würden. Dasselbe gilt für Kinder von in Scheidung lebenden Eltern: Sie profitieren nicht davon, wenn ein unpersönlicher Richter Beschlüsse faßt, nach denen nicht er, sondern die Eltern sich richten müssen und mit denen Sie und Ihr Kind tagtäglich zu leben haben.

Vorstellbar bleibt jedoch weiterhin, daß Sie sich einfach nicht auf eine bestimmte Sorgerechtsregelung einigen können. Möglicherweise empfindet einer von Ihnen den Ehepartner und dessen Anwalt als so übermächtig und erdrückend, daß Sie und Ihr Anwalt richtiggehend eingeschüchtert werden und einem bestimmten Arrangement zustimmen, obwohl Sie wissen, daß es nicht gut für Ihr Kind ist. Wenn Sie also den Richter benötigen, damit er für Sie die Entscheidung trifft, so sollte dies möglichst frühzeitig geschehen. Damit erreichen Sie, daß sich Ihr Kind schnell in seine neue Situation einlebt und sich sicherer fühlen kann. Je jünger das Kind ist, um so wichtiger ist es, lange Aufschübe zu vermeiden.

Aus demselben Grund ist es besser für Ihr Kind, wenn es während der Scheidung – außer in Notsituationen wie Krankheit eines Elternteils oder Kindesmißhandlung – keine kurzfristigen Änderungen in der Betreuung gibt. Und solange die endgültige Entscheidung noch ungewiß ist, sollten Sie sich bemühen, weiterhin die elterliche Verantwortung so gut wie möglich zu teilen oder wenigstens, wenn Sie nicht mehr zu Hause wohnen, Ihr Kind häufig und regelmäßig zu besuchen. Dadurch machen Sie es ihm wesentlich leichter, sich in die spätere Situation einzufinden, ganz egal, wer von Ihnen im Endeffekt vom Richter zum Sorgeberechtigten bestimmt wird.

Wahrscheinlich wird Ihr Kind darunter leiden, wenn es lange im Ungewissen bleibt und in dieser Zeit mit seinen widerstreitenden Gefühlen alleingelassen ist. Deshalb sollten Sie die Entscheidung des Richters, wenn er sie einmal getroffen hat, nach Möglichkeit auch akzeptieren, selbst wenn Ihr Anwalt meint, es gäbe genügend Gründe, gegen den Entscheid vorzugehen, und Sie die finanziellen Möglichkeiten für eine weitere gerichtliche Auseinandersetzung haben. Zwar ist ein erneutes Aufrollen des Verfahrens nicht von vornherein auszuschließen, jedoch sollten Sie um Ihres Kindes willen nicht automatisch von der Möglichkeit Gebrauch machen, wieder das Gericht in Anspruch zu nehmen. Schließlich gibt es ja auch noch die Möglichkeit, gerichtlich angeordnete Sorgerechts-Regelungen zu ändern, indem Sie ganz einfach eine andere Regelung vereinbaren.

Die nächsten Kapitel beschäftigen sich weiter mit diesen und ähnlichen Fragen, und zwar im Hinblick darauf, wie Sie es Ihrem Kind erleichtern können, mit der Scheidung zu leben.

# Dritter Teil:
# Mit der Scheidung leben

# 7. Im Dickicht der Gesetze

## Das Einhalten der Bestimmungen erzwingen

Das Scheidungsurteil überträgt das Sorgerecht einem von Ihnen oder beiden gemeinsam. Weiterhin können jedoch auch richterliche Entscheidungen zum Besuchsrecht und zur Unterhaltsverpflichtung des nichtsorgeberechtigten Elternteils erstritten werden. Dabei wird deutlich, daß das Gesetz auch nach der Scheidung den Eltern noch Rechte und Pflichten gegenüber ihren Kindern auferlegt, die Sie als sorgeberechtigter oder nichtsorgeberechtigter Elternteil notfalls auch gerichtlich durchsetzen können.

Wenn zum Beispiel Ihr geschiedener Ehemann keine Unterhaltszahlungen mehr für Ihr gemeinsames Kind leistet, obwohl er gesetzlich dazu verpflichtet ist, haben Sie jederzeit die Möglichkeit, ihn gerichtlich dazu verurteilen zu lassen. Hält er jedoch eine bereits gerichtlich verfügte Unterhaltsverpflichtung nicht ein, so kann er auf dem Wege der Pfändungsmöglichkeiten dazu gezwungen werden. Und letztendlich ist Unterhaltsentziehung unter beträchtlicher Strafandrohung kriminalisiert.

Das gleiche gilt natürlich auch für Sie als Vater, wenn beispielsweise Ihre geschiedene, sorgeberechtigte Frau Ihnen nicht gestattet, Ihr Kind zu besuchen. Auch dies können Sie gerichtlich durchsetzen.

In der Praxis jedoch stellt sich die Anwendung solcher Rechtsmittel eher als illusorisch dar. Um die Mühlen des Gesetzes in Bewegung zu setzen und um einen Gerichtstermin zu bekommen, brauchen Sie einen Anwalt. Und der kostet Geld. Auch Ihre emotionalen »Kosten« sind unter Umständen hoch. Alte Wunden wieder zu öffnen kann sehr weh tun, und Sie müssen zudem auch an die negativen Auswirkungen denken, die die fortgesetzten Konflikte auf Ihr Kind haben. Gemessen daran sind die Erfolge gerichtlicher Zwangsmaßnahmen häufig doch recht unbefriedigend. Wenn Ihr früherer Ehemann seinen finanziellen Verpflichtungen nicht nachkommt, weil er es nicht will oder auch nicht kann, ist kein Gericht der Welt in der Lage, Ihnen das Geld zu verschaffen.

Wenn Ihre ehemalige Frau Ihnen ständig Steine in den Weg legt, um zu verhindern, daß Sie Ihr Kind sehen, werden Sie es bald müde, sie immer wieder vor Gericht zu zitieren; mehr noch, die ständigen Kämpfe können die Atmosphäre derart vergiften, daß die Besuche für beide Seiten unerfreulich werden. Wenn Ihr früherer Mann sein Besuchsrecht nicht wahrnimmt, so sehr Sie und ihr Kind sich dies auch wünschen mögen, kann kein Gericht regelmäßige Besuche erzwingen. Im allgemeinen kommen Sie am weitesten, wenn Sie versuchen, Ihr Ziel auf gütlichem Wege zu erreichen, um wenn möglich eine abermalige Anrufung des Gerichts zu vermeiden.

Trotz aller Schwierigkeiten der Durchführung kommt den gerichtlichen Anordnungen des Scheidungsurteils aber eine große Bedeutung zu. Achtung vor dem Gesetz oder Angst vor Bestrafung bewirken, daß sich Eltern in den allermeisten Fällen – auch gegen ihren Willen – an die Vereinbarungen über Sorgerecht, Besuchsrecht und Unterhaltsverpflichtungen halten.

Wenn zum Beispiel ein Vater, der den gerichtlich verfügten Unterhaltszahlungen schon längere Zeit nicht nachgekommen ist, plötzlich zu Geld kommt, zum Beispiel durch eine Erbschaft oder die Auszahlung einer Unfallversicherungsprämie, kann dann seine frühere Frau, vorausgesetzt, sie handelt schnell genug, mittels des erstrittenen Unterhaltsurteils Zugriff auf diese neuen Geldquellen im Wege der Zwangsvollstreckung nehmen und ihren Ehemann daran hindern, das Geld für sich selbst zu verwenden.

## Ändern der Bestimmungen

Das Scheidungsrecht sieht die Möglichkeit vor, daß Mutter oder Vater einen Antrag auf Änderung des Sorgerechts stellen können, wenn sich ihre Lebensumstände geändert haben, was zum Zeitpunkt der Scheidung nicht vorauszusehen war. Welche Bedingungen hierbei konkret erfüllt sein müssen, um eine Änderung der Entscheidung zu erreichen, liegt natürlich im Ermessen des jeweiligen Richters. Es wäre hier z.B. an eine langwierige Krankheit, an einen Auslandsaufenthalt eines Elternteils, der dem Kind nicht zugemutet werden kann, an den ernstgemeinten und begründeten Wunsch eines Heranwachsenden, aber auch an Kindesmißhandlung oder -vernachlässigung durch einen Elternteil zu denken. Sie können aber damit rechnen, daß eine unvorhergesehene Änderung des Gehalts nach oben oder unten oder plötzlich anfallende größere Ausgaben für das Kind oder einen Elternteil es unter bestimmten Umständen erforderlich machen, auch den genauen Betrag der Unterhaltszahlungen neu festzulegen.

Im konkreten Fall bedeutet das zum Beispiel für einen nichtsorgeberechtigten Vater, der plötzliche Einkommenseinbußen hinzunehmen oder hohe Arztrechnungen zu begleichen hat, daß das Gericht möglicherweise seine Unterhaltsverpflichtungen senkt. Bleibt andererseits sein Gehalt zwar gleich, aber hat er sich wieder verheiratet und muß nun auch für seine zweite Frau aufkommen, so wird seine Bitte um Senkung der Unterhaltszahlungen für sein Kind vermutlich zurückgewiesen.

## Entführungsversuche durch einen Elternteil

Daß ein Elternteil sich einfach des Kindes bemächtigt und mit ihm spurlos verschwindet, ist bereits etliche Male vorgekommen. Es hat Fälle von elterlicher Kindesentführung auf offener Straße oder vor Schultoren gegeben; andere Väter bzw. Mütter haben ihr Kind nach einem Besuch einfach nicht zurückgebracht. Ein Elternteil, der Angst vor einer Entführung seines Kindes durch den anderen Elternteil hat, kann mit rechtlichem Schutz kaum rechnen. Es ist schwierig, Gerichte dazu zu bringen, dem Vater das Besuchsrecht abzusprechen, nur weil die Mutter angibt, sie befürchte, daß er das Kind nicht zurückbringe, sondern mit ihm verschwinde. Das Gesetz und die Rechtsprechung garantieren im allgemeinen, daß das Besuchsrecht nur in Ausnahmefällen aberkannt wird. Es muß dann nachgewiesen werden, daß die Besuche dem Kind ernsthaft schaden oder daß bei einer Fortführung der Besuche eine solche Schädigung zu befürchten sei. Sagt eine Mutter vor Gericht aus, sie habe Angst vor einer möglichen Entführung des Kindes, und hat der Vater dieses sogar konkret angedroht, so reicht es nicht aus, dem Vater das Besuchsrecht zu entziehen. Er ist im Recht, wenn es ihm gelingt, Zeugen aufzubieten, die ihn als einen zuverlässigen Menschen schildern, der sein Kind über alles liebt. Er kann sogar bestreiten, jemals mit einer Entführung gedroht zu haben, und behaupten, seine ehemalige Frau versuche böswilligerweise, sein gutes Verhältnis zu seinem Kind zu stören. In einem solchen Fall ist es praktisch unmöglich für den Richter zu erkennen, wer die Wahrheit sagt, und er wird, um das Recht des Kindes zu wahren, mit beiden Elternteilen Kontakt zu haben, vermutlich das Besuchsrecht des Vaters bestätigen. Wann immer es aber tatsächlich zu einer derartigen Kindesentführung kommt, bedeutet sie natürlich für das Kind und den betroffenen Vater oder die betroffene Mutter ein schreckliches Unglück und unermeßliches Leid.

Befürchten Sie, daß Ihr Kind von Ihrem ehemaligen Mann bzw. Ihrer ehemaligen Frau entführt wird, ermöglicht es Ihnen Ihr rechtlicher Status als sorgeberechtigter Elternteil, zumindest bestimmte Schritte zu unternehmen, um sich zu schützen. Wenn Ihr Kind zur Schule geht, wird die Schulverwaltung dafür Verständnis zeigen, daß nur bestimmte, von Ihnen benannte Personen Ihr Kind von der Schule abholen dürfen. Sie können auch darum bitten, daß man in der Schule das Auftauchen Ihres ehemaligen Mannes oder verdächtiger Fremder beobachtet und Sie davon in Kenntnis setzt.

Sie können auch der örtlichen Polizei Ihre Befürchtungen mitteilen, so daß diese im Notfall schnell reagieren kann. Auch die Polizei benötigt vermutlich eine beglaubigte Kopie des Gerichtsurteils, da sie sonst nicht gegen Ihren ehemaligen Ehepartner vorgehen kann; ohne diese Verfügung spricht das Gesetz im allgemeinen beiden Eltern gleiches Recht ihren Kindern gegenüber zu.

Wir möchten ausdrücklich betonen, daß solche Vorsichtsmaßnahmen nur dann getroffen werden sollten, wenn sie dem Kind weniger Schaden zufügen als das emotional aufgeladene Klima, das sie erzeugt. Sie sollten diese Möglichkeit nur dann in Betracht ziehen, wenn Sie wirklich glauben, daß die Sicherheit Ihres Kindes und die Dauerhaftigkeit seiner Beziehungen ernsthaft bedroht sind, und nicht, wenn Sie sich damit an Ihrem ehemaligen Partner rächen wollen. Eine durch Angst und Verdächtigungen geprägte Atmosphäre ist vor allem für Ihr Kind unerträglich und läßt sich mit seinem Wunsch nach Glück und Geborgenheit nicht vereinbaren.

Falls Ihr Kind wirklich entführt wird, können Sie die Vollstreckungsbehörden (Gerichtsvollzieher, Polizei) einschalten, damit sie Ihnen bei der Suche helfen. Häufig sind die Aussichten auf Erfolg jedoch eher gering.

## Pflegen Sie weiterhin die Beziehung zum Kind

Die im Gesetz verankerten Bestimmungen spiegeln die Meinung wider, daß das Scheidungsurteil zwar juristisch eine Ehe beendet, nicht aber das Band zwischen nichtsorgeberechtigtem Elternteil und Kind zerschneidet. Voraussetzung für ein Fortdauern der Beziehung ist natürlich, daß die Besuchsvereinbarungen auch eingehalten werden. Es läßt sich aber – unabhängig von der Gesetzgebung – nicht vermeiden, daß das Verhältnis des Kindes zu beiden Elternteilen, besonders aber zum nichtsorgeberechtigten Elternteil, in der Zeit der Trennung und nach der Scheidung gravierenden Veränderungen unterworfen ist. Normalerweise wird das Kind entweder von der Mutter oder vom Vater betreut und versorgt. Auch bei gemeinsamem Sorgerecht gibt es im allgemeinen eine Hauptbezugsperson, und selbst eine Regelung, bei der beide Elternteile sich die Versorgung und Erziehung des Kindes wirklich teilen, kann Veränderungen in den Beziehungen nicht vermeiden; denn Mutter und Vater verhalten sich nicht mehr als Teile *einer* Familie, sondern als Einzelpersonen oder auch als Mitglieder von zwei neuen Familien. Das Gesetz mag zwar bestimmte Handlungen verbieten und andere billigen oder gar anordnen, doch kann es seine korrekte Anwendung nicht selbst kontrollieren. Gerichtliche Anordnungen üben allein schon durch ihre Existenz Einfluß aus und geben dem Verhältnis zwischen Ihnen und Ihrem Kind gewisse Rahmenbedingungen; doch diese Beziehung mit Inhalt zu füllen und zu vertiefen – das ist Ihre Aufgabe als Eltern.

In den folgenden Kapiteln geht es um Ihre unterschiedlichen Rollen als sorgeberechtigter bzw. nichtsorgeberechtigter Elternteil, als Eltern mit gemeinsamem Sorgerecht und schließlich als Eltern und Stiefeltern in einer neuen Familie.

# 8. Wenn Sie das Sorgerecht haben

Vor allem zu Anfang wird es Ihnen und Ihrem Kind vermutlich nicht leichtfallen, sich an Ihre neue Situation zu gewöhnen, eine Familie mit nur einem Elternteil zu sein. Je selbstverständlicher es für Ihr Kind war, *beide* Eltern zu seiner Verfügung zu haben, um so stärker macht sich das Fehlen eines Elternteils bemerkbar, und desto mehr sind Sie gefordert.

Es ist keine leichte Aufgabe, den neuen Lebensabschnitt für Ihr Kind und mit ihm zu gestalten, und Ihre eigenen Gefühle werden Ihnen diese Aufgabe eher schwerer als leichter machen. Seien Sie deshalb nicht überrascht, wenn Sie Ärger und Zorn nicht nur über Ihren früheren Partner, sondern auch über Ihr Kind verspüren. Dies ist eigentlich nicht schwer zu verstehen, wenn man bedenkt, daß das Kind Sie ja ständig an Ihren früheren Ehepartner und an das Scheitern der Beziehung erinnern muß.

Neben den gefühlsmäßigen Folgen von Trennung und Scheidung – Schmerz, Trauer, Wut usw. – kommt es in vielen Familien auch zu Veränderungen der finanziellen Verhältnisse und damit des gesamten Lebensstils. Vielleicht müssen Sie jetzt sparsamer wirtschaften: ein kleineres Haus bzw. eine kleinere Wohnung nehmen, beim Einkaufen auf Sonderangebote achten sowie auf kostspielige Vergnügungen verzichten. War es Ihr Kind bisher gewohnt, daß Sie immer zu Hause waren, und sind Sie nun gezwungen, arbeiten zu gehen, wird dies eine weitere unwillkommene Veränderung für Ihr Kind bedeuten; und selbst dann, wenn Sie vorher schon gearbeitet haben, wird Ihr Kind die Veränderung spüren, da ihm der andere Elternteil im Alltag eben nicht mehr als Ausgleich ständig zur Verfügung steht. Auch wenn keine finanzielle Notwendigkeit besteht, gibt es vielleicht andere Gründe, weshalb Sie den Wunsch verspüren könnten, berufstätig zu werden. Es ist auf die Dauer nicht einfach, auf die nie endenden Ansprüche und Forderungen eines kleinen Kindes eingehen und auf die anregende Gesellschaft von Erwachsenen verzichten zu müssen. Vielleicht strengt es Sie nervlich an, mit den unvermeidlichen Krankheiten, den Aufregungen und dem Ungehorsam Ihres

Kindes fertig werden zu müssen, ohne jemanden zu haben, mit dem Sie diese alltäglichen Sorgen teilen können.

Versuchen Sie aus dieser schwierigen Situation heraus gar nicht erst, eine Supermutter oder ein Supervater zu sein, um Ihr Kind für die Scheidung zu entschädigen. Wenn Sie nämlich Ihre eigenen Genußwünsche und Bedürfnisse nicht genauso ernst nehmen – und das bezieht sich auch auf den Wunsch, Ihre eigene Karriere weiter zu verfolgen, neue Freunde zu finden und sich neue Interessengebiete zu erschließen –, wird Ihr Kind auf die Dauer darunter leiden. Sie werden ungeduldiger, können nicht mehr so gut zuhören und verlieren schneller die Nerven.

Insgesamt werden Sie Ihrer Aufgabe besser gerecht und haben mehr Freude daran, wenn Sie auch ausreichend Zeit für sich selbst, ohne Ihr Kind, haben. Außerdem verleitet die Situation eines Alleinerziehenden dazu, zuviel vom Kind zu erwarten, welches seinerseits seine Ängste und Verstimmungen an Ihnen ausläßt, anstatt sich mit Ihnen zusammenzutun. Ein Kind ist leicht geneigt, seinen Unwillen auf den Elternteil zu richten, dem es mehr vertraut und bei dem es sich sicher fühlt, und das ist ja meistens der Sorgeberechtigte.

Vielleicht nutzen Sie die Gelegenheit, sich mit anderen Betroffenen, deren Situation ähnlich ist, zu besprechen und vor allem über die Probleme Alleinerziehender und das Verhältnis Ihres Kindes zu Ihrem früheren Partner zu reden. In vielen Städten und Gemeinden finden Sie Regionalgruppen des Vereins Alleinerziehender Mütter und Väter oder auch kirchlicher und anderer Träger, die Diskussionsgruppen für Alleinerziehende sowie Hilfe bei der Suche nach geeigneten Kindertagesstätten anbieten. Sie können Ihnen auch in anderer Hinsicht helfen.

## Die Betreuung von Säuglingen und Kleinkindern

Damit Ihr Kind in der Zeit, in der Sie nicht zu Hause sind, gut versorgt wird, sollten Sie sich genau überlegen, welche Regelung für sein Alter und seine spezifischen Bedürfnisse am günstigsten ist.

Für einen Säugling oder ein Kleinkind ist es vor allem wichtig, eine konstante Bezugsperson zu haben, die ihm die nötige Aufmerksamkeit schenkt und jeden Tag zuverlässig da ist. Sie sollten vermeiden, Ihr Kind wechselnden Betreuern zu überlassen. Damit sich ein kleines Kind richtig entfalten und entwickeln kann, muß es die Möglichkeit haben, eine gefühlsmäßige Bindung an den Menschen zu entwickeln, der es täglich versorgt; dies ist aber praktisch unmöglich, wenn dieser Mensch ständig wechselt oder seine Aufgabe auf eine ganz unpersönliche, kühle Weise ausübt. Vielleicht haben Sie ja jemanden aus der eigenen Familie, eine Freundin oder einen Freund, der sich um Ihr Kind kümmern kann, während Sie außer Haus sind. Vielleicht können Sie sich auch eine Tagesmutter leisten oder sich dazu entschließen, Ihr Kind in einer Tagesstätte anzumelden. Dazu ist zu sagen, daß es in diesem Alter von primärer Bedeutung ist, daß Ihr Kind die ungeteilte Aufmerksamkeit eines Erwachsenen erhält, und nicht unbedingt, daß es mit anderen Kindern zusammen ist. Versuchen Sie deshalb, nach einer Tagesstätte Ausschau zu halten, in der sich die Angestellten nicht um zu viele Kinder kümmern müssen und wo es keine zu häufigen Schichtwechsel gibt. Nehmen Sie sich viel Zeit, die Person kennenzulernen, die sich um Ihr Kind kümmern wird, bevor Sie diese mit Ihrem Kind allein lassen. Es ist leichter für Ihr Kind, sich an die neue Umgebung zu gewöhnen, wenn es seine Essens- und Schlafgewohnheiten – soweit möglich – beibehalten kann. Sie können ihm auch sein Lieblingsspielzeug, seine Decke oder sein Kissen mitgeben. Scheuen Sie sich nicht, der Kindergärtnerin zu zeigen, wie Sie Ihr Kind füttern, es sein Bäuerchen machen lassen und wie Sie mit ihm spielen. In jeder guten Tagesstätte wird man Ihnen zuhören und Ihren Bitten soweit wie möglich nachkommen. Sollte Ihr Ansprechpartner kein Ohr für Ihre speziellen Anliegen haben, sondern auf der üblichen Routine bestehen, sehen Sie sich am besten nach einem anderen Kinderhort um. Wenn auch ein gewisser Grad an Einheitlichkeit im Tagesablauf notwendig ist, um eine Kindertagesstätte zu führen, so sollte doch die Bereitschaft erkennbar sein, die tägliche Routine mit den Bedürfnissen des jeweiligen Kindes in Einklang zu bringen.

## Was Sie für Ihr Schulkind tun können

Für ein schulpflichtiges Kind, besonders wenn es noch sehr jung ist, ist es wichtig, Sie zu Hause vorzufinden, wenn es aus der Schule kommt, und sei es nur, um Sie zu begrüßen, bevor es wieder mit seinen Freunden spielt. Es muß die Möglichkeit haben, Sie zu erreichen und anzusprechen; wenn Ihr Kind einen schlechten Tag gehabt hat, braucht es Sie, um getröstet zu werden. Wenn es einen besonderen Erfolg gehabt hat, möchte es Ihr Lob und Ihren Beifall hören, ohne bis zum Abend warten zu müssen. Manchmal braucht es einfach jemanden zum Reden oder auch nur die Sicherheit, daß Sie da sind, falls es Sie braucht.

Können Sie aber nicht zu Hause sein, wenn Ihr Kind aus der Schule kommt, wäre es gut, wenn Sie einen anderen Erwachsenen bitten könnten, da zu sein. Schon aus Sicherheitsgründen sollten Sie vermeiden, ein kleines Kind allein zu lassen, und selbst Jugendliche finden es oft unangenehm, in eine leere Wohnung oder ein leeres Haus zu kommen.

Wenn Sie dennoch Ihr Kind allein lassen müssen, versuchen Sie zumindest, es zu Hause anzurufen, oder hinterlassen Sie eine Telefonnummer, unter der es Sie erreichen kann. Sie kennen Ihr Kind am besten und haben sicherlich mit der Zeit ein Gefühl dafür entwickelt, wann es alt genug ist, nach der Schule oder am Abend allein zu Hause sein zu können. Irgendwann kommt der Zeitpunkt, an dem Ihr heranwachsendes Kind in der Lage ist, allein zurechtzukommen, eine Aufsichtsperson geradezu ablehnt und die Zeit ohne Sie sogar genießt.

## Die finanzielle Situation

Sicher wäre es unangemessen, Ihr Kind mit allen Einzelheiten Ihrer finanziellen Sorgen zu belasten. Ebenso unangemessen wäre es aber, und zwar sowohl ihm als auch Ihnen selbst gegenüber, wenn Sie es nicht einmal grob über Ihre finanzielle Situation informierten, um notwendige Sparmaßnahmen mit ihm zu besprechen, wenn es dazu alt genug ist. Es sollte wissen und verstehen, weshalb Sie sich von nun an beim Kauf neuer Kleidungsstücke einschränken, kleinere Geschenke kaufen oder häufiger auf etwas verzichten müssen. Sie tun Ihrem Kind keinen Gefallen, wenn Sie es von den Einsparungen ausschließen, weil Sie meinen, es schonen zu müssen, da es schon genug unter der Scheidung leiden mußte und Sie ihm nun keinen materiellen Wunsch abschlagen dürfen. Wenn es nämlich die finanzielle Situation akzeptieren lernt und sich an den gemeinsamen Sparmaßnahmen beteiligt, gelingt ihm damit ein weiterer wichtiger Schritt auf dem Weg zur persönlichen Reife. Wenn Sie dagegen aus Gewohnheit Ihre eigenen Wünsche zurückstellen, so wird Ihr Kind dies früher oder später bemerken und Schuldgefühle entwickeln oder sich darüber ärgern, daß Sie nicht offen ihm gegenüber waren. Es kann aber auch so enden, daß das Kind seine Erwartungshaltung beibehält und später immer weitergehende Forderungen stellt, die weit über das hinausgehen, was ihm eigentlich zusteht. Dann wird es Schwierigkeiten haben, zu einem verantwortungsbewußten Erwachsenen heranzureifen.

## Ihr Kind braucht seine Kindheit

Es ist wichtig, daß Ihr Kind weiß, was Sie von ihm erwarten, welche Verhaltensweisen Sie billigen und welche nicht. Auch wenn Sie viel Verständnis aufbringen und akzeptieren, daß es widerspenstig, bisweilen trotzig oder geradezu kindisch reagiert, sollten Sie ihm aber auch mit Strenge antworten, wenn es erforderlich ist. Bemühen Sie sich darum, konsequent zu sein und seinem Ungestüm Grenzen zu setzen. Sie können Ihr Kind nicht für das durch die Scheidung erlittene Leid entschädigen, indem Sie ihm nun erlauben, alles zu tun, was ihm gerade einfällt. Genausowenig können Sie mit materiellen Gütern einen Ausgleich schaffen. Gerade dann, wenn Ihr Kind immer wieder versucht, sich größere Freiheiten und weniger Verbote zu erkämpfen, müssen Sie ihm zeigen, wo seine Grenzen liegen. Geschieht dies nicht, bringen Sie Ihr Kind in arge Bedrängnis, weil es sich diese Grenzen *selbst* setzen muß, ohne dazu eigentlich die nötige Reife zu haben. Wenn es sich unklar darüber ist, was Sie von ihm erwarten, so trägt dies zu seiner ohnehin durch die Scheidung bereits ausgelösten Verunsicherung noch bei.

Gewiß hat jede Familie ihre eigenen Normen und Vorstellungen darüber, welches Verhalten erwünscht und akzeptabel ist. Einige Eltern sind grundsätzlich milder oder strenger als andere; einige legen mehr Wert auf Sauberkeit, Pünktlichkeit bei den Mahlzeiten, gute Manieren und Schulleistungen als andere. Worauf es ankommt, ist, daß Sie nach der Scheidung an *Ihren* Normen festhalten. Geben Sie diese nicht auf aus Mitleid mit Ihrem Kind oder weil Sie befürchten, daß Ihre Strenge dazu führen könnte, daß es Ihren ehemaligen Ehepartner vorzieht.

Damit aber Meinungsverschiedenheiten über die »richtige« Erziehung Ihres Kindes nicht regelmäßig zu Konflikten während der Besuche führen, ist es für Ihr Kind am besten, wenn Sie sich bemühen, die Auffassungen Ihres ehemaligen Partners zu respektieren – natürlich nur, soweit diese nicht gegen Ihre eigenen Grundsätze verstoßen.

So notwendig es für Ihr Kind ist, daß Sie ihm Grenzen setzen und erwarten, daß es gewisse Regeln im Umgang miteinander einhält, so wichtig ist es aber auch, es nicht mit allzu großer Verantwortung zu belasten. Als Alleinerziehende müssen Sie sich zwar mehr auf Ihr Kind verlassen können als vor der Scheidung. Es wird Aufgaben zugewiesen bekommen, vielleicht auf seine jüngeren Geschwister aufzupassen und im Haushalt kleinere Aufgaben zu übernehmen. Sie sollten jedoch nur so viel von ihm verlangen, wie seinem Alter angemessen ist. So liegt es zwar nahe, daß Sie als Vater Ihre älteste Tochter mehr als Mutter der kleineren Kinder behandeln und nicht so sehr als Hilfe für sich selbst, doch dies wäre ebenso unklug wie unangemessen. Genauso sollten Sie als Mutter sich nicht dazu verführen lassen, Ihren Sohn jetzt, wo sein Vater nicht mehr da ist, als »Mann im Haus« zu bezeichnen und zu behandeln. Zu früh auferlegte Verantwortung stellt eine große Belastung für jedes Kind dar.

Sie können dem Kind zumuten, ohne Komfort und Luxus zu leben, es kann Ihnen auch durchaus im Haushalt helfen und schon früher selbständig werden, als ihm vielleicht lieb ist; aber es wäre unfair, ihm seine Kindheit zu nehmen.

## Besuche des anderen Elternteils

Am besten ist es für alle Beteiligten, wenn es Ihnen und Ihrem ehemaligen Ehepartner gelingt, einen Besuchsmodus zu finden, der Ihnen beiden und Ihrem Kind gerecht wird. Nicht Ihr Kind wollte schließlich die Scheidung und sollte daher nicht der Hauptleidtragende sein, indem es den Kontakt zu dem einen Elternteil ganz verliert oder gezwungen ist, sich an eine unflexible Besuchsregelung zu halten, was vor allem, wenn es älter wird, eine unnötige Belastung darstellt.

Sie als sorgeberechtigter Elternteil begrüßen vielleicht die Besuche des anderen Elternteils, weil sie für Ihren Sohn oder für Ihre Tochter wichtig sind und weil sie Sie für eine Weile von Ihren täglichen Pflichten entlasten und Sie dadurch mehr Zeit für sich haben. Ihr früherer Partner empfindet seinerseits vermutlich ebenso große Zuneigung zu seinem Kind wie Sie und möchte möglichst viel Zeit mit ihm verbringen, um das frühere Verhältnis wenigstens in etwa aufrechterhalten zu können. Unter solchen Umständen verlaufen die Besuche im allgemeinen ruhig und unproblematisch, und die durch die Scheidung verursachten Veränderungen, die das Leben aller Beteiligten so durcheinandergebracht haben, halten sich in Grenzen. In dieser Zeit kann sich unter Umständen sogar eine engere Beziehung als früher zwischen Ihrem Kind und dem nichtsorgeberechtigten Elternteil entwickeln. Ein Vater »auf Besuch« kann sich viel intensiver um sein Kind kümmern als vor der Scheidung, er lernt vielleicht, das Baby zu füttern und zu wickeln, wird vielleicht mehr als früher das schulpflichtige Kind zu Geburtstagsfeiern und Sportveranstaltungen fahren und mit seinem heranwachsenden Sohn oder seiner Tochter über Liebeleien, über Weltpolitik oder über andere Dinge, die sie bewegen, reden bzw. streiten. Da die Zeit begrenzt ist, kümmert er sich eher darum, daß beide sie ungestört und befriedigend verleben, damit beide Seiten etwas davon haben.

Wenn allerdings der nichtsorgeberechtigte Elternteil nicht bereit oder in der Lage ist, seine bzw. ihre Zeit mit dem Kind zu verbringen, gibt es ganz einfach keine Besuche mehr. Kein Mensch, nicht einmal ein Richter, kann einen Vater oder eine Mutter zu Besuchen *zwingen.* Wenn Sie in eine solche Situation kommen, werden Sie Ihr Kind trösten und ihm sagen müssen, daß es nicht schuld daran ist, daß keine Besuche mehr stattfinden, sondern daß Umstände eingetreten sind, die sich nicht ändern lassen. Fällt Ihnen keine andere zutreffende Erklärung ein, können Sie ruhig das selbstsüchtige, unverantwortliche und lieblose Verhalten Ihres ehemaligen Partners als Grund anführen.

Es kann passieren, daß Ihr Kind eine gewisse Scheu vor den Besuchen hat. Vielleicht widerstrebt es ihm, sich der richterlichen Entscheidung zu fügen, jeden Sonntag mit dem anderen Elternteil zu verbringen. Die Besuche können, zumal bei einem älteren Kind, vielleicht dessen eigene Pläne stören, oder sie sind ihm unangenehm, weil es sich wie zwischen zwei feindlichen Lagern hin- und hergeschoben fühlt. Vielleicht war es aber auch immer schon ein widerspenstiges Kind, das sich dagegen sperrt, zu tun, was ihm gesagt wird. Wären Sie nicht geschieden, wären Sie freier in Ihrer Entscheidung, nämlich darauf zu bestehen, daß es Ihnen gehorcht, oder es nach seinem Gutdünken entscheiden zu lassen. Je mehr ein Kind heranwächst, desto genauer haben Eltern abzuwägen, wann sie ihren Kindern Entscheidungen abnehmen und wann Sie sie diese selbst treffen lassen müssen. Ein Sorgeberechtigter hat dieses Vorrecht nur in beschränktem Maße. Vielleicht geben Sie Ihrem Kind recht, wenn es sich gegen die Besuche wehrt, oder meinen, daß die Besuchsregelung geändert werden sollte, um die anderen Aktivitäten Ihres Kindes nicht zu behindern. Wenn Sie aber Ihren ehemaligen Ehepartner nicht dazu bringen können, einer Neuregelung zuzustimmen, müssen Sie dafür sorgen, daß die Besuche eingehalten werden. Wenn es nicht gerade Beweise für körperlichen oder sexuellen Mißbrauch gibt, halten die Gerichte fast immer am Recht des nichtsorgeberechtigten Elternteils fest, sein Kind zu sehen. Meistens werden aber Versuche unterstützt, verschiedene Besuchsregelungen auszuprobieren, um die Schwierigkeiten zu verringern.

Verhindern Sie also, daß die Besuche stattfinden, kann Ihr ehemaliger Ehepartner gerichtlich gegen Sie vorgehen, um sein Besuchsrecht zu erwirken. Vielleicht argumentieren Sie damit, daß das Scheitern der Besuche nicht an Ihnen liegt, daß Sie sich immer bemüht haben, diese zu fördern, daß Ihr Kind aber regelmäßig bereits Tage vor einem solchen Besuch unruhig sei und danach von Alpträumen heimgesucht werde. Aus Ihrem Gefühl von Verantwortung und Sorge um sein Wohlergehen wollten und könnten Sie es daher nicht zwingen, sich mit dem Vater bzw. der Mutter zu treffen. Trotz all dieser Argumente kann der Richter aber erneut anordnen, daß Sie dafür Sorge zu tragen haben, daß die Besuche stattfinden. Grundlage dieser Entscheidung ist die folgende Annahme: Da das Kind bei Ihnen wohnt, haben Sie großen Einfluß auf seine Empfindungen und Verhaltensweisen. Finden die Besuche nun nicht mehr statt, heißt das, daß Sie Ihr Kind seines zweiten Elternteils berauben, auf den es doch ein Anrecht hat. Das Verhalten mancher Richter läßt vermuten, daß sie tatsächlich glauben, selbst erzwungene Besuche seien sinnvoll, jedenfalls so lange, bis aus den Kindern Jugendliche geworden sind. Spätestens dann wird auch der entschiedenste Richter das Handtuch werfen und zugeben, daß er dem nichtsorgeberechtigten Elternteil nicht mehr helfen kann, den Kontakt mit seinem widerstrebenden Kind aufrechtzuerhalten.

Vermutlich werden die Besuche auch gegen den Willen Ihres Kindes noch eine Zeitlang stattfinden. Sie tun deshalb gut daran, Ihren Einfluß zu nutzen und Ihr Kind so weit zu bringen, daß es die Besuche akzeptiert. Sie können zu diesem Zweck Ihrem Sohn bzw. Ihrer Tochter die Gesetzeslage erläutern, das heißt, die Bestimmungen und was diese für Sie konkret aussagen. Auch wenn Sie das Gesetz nicht selbst zu verantworten haben und es unter Umständen sogar mißbilligen, so sind doch Sie und Ihr Kind gezwungen, sich an die Bestimmungen zu halten. In jedem Fall sollten Sie sich aber auch mit Ihrem früheren Partner zusammensetzen und versuchen, eine bessere Regelung zu finden.

Vielleicht fühlen Sie sich falsch und ungerecht behandelt, weil Ihr Partner Sie wegen einer anderen Frau oder einem anderen Mann verlassen und vor Gericht dennoch eine für ihn günstige Regelung erwirkt hat – so daß Ihnen noch nicht einmal der armselige Triumph blieb, ihn vor Gericht bloßzustellen. Sie empfinden ihn oder sie vielleicht als selbstsüchtig, unmoralisch und als schlechtes Vorbild für Ihr Kind.

Dieses Kind dagegen mag ganz anderer Meinung sein. Es liebt und braucht seinen anderen Elternteil weiter trotz all der Dinge, die er Ihnen angetan hat. Würden Sie unter diesen Umständen erwirken, daß die Besuche eingestellt werden, so wäre Ihr Kind der Leidtragende eines Schachzugs, von dem Sie sich persönliche Befriedigung erhoffen. Selbst adoptierte Kinder, die ihre leiblichen Eltern nie kennengelernt haben, fühlen sich häufig unvollständig und zeigen ein auffälliges Interesse daran, ihre eigenen Wurzeln zu entdecken. Um so mehr wird sich Ihr Kind, das ja seinen anderen Elternteil kennt und lange Zeit mit ihm zusammengelebt hat, von einem Teil seines Lebens abgeschnitten fühlen, wenn man es zwingt, die Verbindung zum Vater oder zur Mutter zu lösen.

Aus dem gleichen Grund ist es auch wichtig für Ihr Kind, den Kontakt zu Ihren früheren Schwiegereltern, den Großeltern des Kindes, wenn es sich mit ihnen gut verstanden hat, aufrechtzuerhalten.[15] Wenn Sie eine gewisse Kontinuität in dieser Richtung fördern, helfen Sie Ihrem Kind, den Bruch mit seinem bisherigen Leben so gering wie möglich zu halten.

Doch auch aus anderen Gründen sollten Sie sich nicht den Besuchen widersetzen. Wenn Sie es nämlich schaffen, die Besuche zu beschränken oder gar ganz zu verhindern, wird Ihr Kind unsicher werden und sich fragen, was Sie ihm noch alles antun könnten. Sein Vertrauen in Sie würde vermutlich sinken. Darüber hinaus wird Ihr Kind Sie später vermutlich auch dafür verantwortlich machen, daß es den Kontakt mit seinem anderen Elternteil verloren hat. Ihr Widerstand gegen die Besuche würden also, so paradox es klingt, das Verhältnis zwischen Ihnen und Ihrem Kind verschlechtern, was seine gesunde Entwicklung weiterhin erschweren würde. Umgekehrt kann man davon ausgehen, daß Ihre Einsicht und Ihre Befürwortung der Besuche das Vertrauensverhältnis zwischen Ihnen und Ihrem Kind noch stärkt.

Auch wenn Sie nur geringen Einfluß darauf haben, wie oft Ihr Kind seinen anderen Elternteil sieht und wie diese Besuche ablaufen, so können Sie doch viel dazu beitragen, daß diese Treffen in einer entspannten Atmosphäre verlaufen und von allen Beteiligten doch als kostbare Erfahrungen erlebt werden. Versuchen Sie, Ihr eigenes Gefühl von Bitterkeit und Verärgerung beiseite zu lassen. Sprechen Sie Ihrem Kind gegenüber nicht schlecht von Ihrem ehemaligen Ehepartner und betonen Sie, soweit es geht, seine guten Eigenschaften. Kommt die Sprache auf die Scheidung, erzählen Sie auch von den schönen Tagen Ihrer Ehe. Helfen Sie Ihrem Kind, sich auf die Besuche zu freuen, indem Sie diese als eine ganz normale Angelegenheit und nicht als gefürchtete unangenehme Pflicht, die Ihnen beiden aufgezwungen wird, behandeln. Es wird für Ihr Kind leichter sein, wenn Sie ihm nicht das Gefühl geben, daß Sie an diesem Teil seines Lebens keinen Anteil nehmen, daß Sie sich sogar davon ausschließen und unglücklich sind, wenn Ihrem Kind die Besuche Freude machen. Benutzen Sie es aber auch nicht als Spitzel, der berichten soll, was im »feindlichen Lager« vor sich geht. Sie sollten sich mit der Tatsache abfinden, daß Ihr Kind, wenn es Ihren früheren Ehepartner besucht, diesen in einer Umgebung trifft, die Sie vielleicht nicht wählen würden. Hierzu kann auch der neue Partner bzw. die neue Partnerin zählen.

Seien Sie flexibel bei der Besuchsregelung, damit Sie nicht ständig Streitigkeiten oder gar Gerichtsverhandlungen heraufbeschwören. Wenn Ihr ehemaliger Ehepartner Sie darum bittet, eine bestimmte Regelung zu ändern, kommen Sie ihm nach Möglichkeit entgegen. Nur so können Sie erwarten, daß auch er sich als flexibel und gutwillig erweist, wenn Sie einmal Veränderungen vorschlagen. Sie haben recht, wenn Sie darauf bestehen, daß der andere Elternteil Ihr Kind nicht enttäuscht und es wie abgesprochen besucht.

Die hier aufgeführten Beobachtungen und Vorschläge, was Sie als sorgeberechtigter Elternteil tun können, um einen reibungslosen Ablauf der Besuche zu gewährleisten, sind natürlich sehr allgemein gehalten, und ihnen liegt nicht die Kenntnis der besonderen Verhältnisse *Ihrer* Familie zugrunde. Sie mögen mit Ihrer speziellen Situation überhaupt nicht übereinstimmen.

Bei all Ihren Überlegungen sollten Sie als der sorgeberechtigte Elternteil keinen Ratschlägen folgen, die für Sie und Ihre Situation nicht zutreffen. Und natürlich sind nicht nur die Einstellung und das Verhalten des sorgeberechtigten Elternteils für das Gelingen oder Scheitern der Besuche verantwortlich. Im nächsten Kapitel befassen wir uns, wiederum vor allem aus der Sicht des Kindes, mit der Rolle des nichtsorgeberechtigten Elternteils.

# 9. Wenn Sie das Sorgerecht nicht haben

## Nichts ist mehr wie früher

Die Zuneigung zwischen Ihrem Kind und Ihnen mag so groß wie vormals sein, und auch wenn Ihre Beziehung weiterhin gut ist, so kann es doch nicht mehr so sein wie vor der Scheidung. Ihr Kind, das die Scheidung aus tiefstem Herzen ablehnt, ist wahrscheinlich böse auf Sie, wenn es das auch weder Ihnen noch sich selbst gegenüber zugeben mag. Und so schmerzvoll diese Situation auch für Sie beide sein mag, jetzt sind Sie nur noch ein Gast – wiewohl ein vertrauter und regelmäßiger – und kein Alltagsvater bzw. keine Alltagsmutter mehr.

Sie helfen Ihrem Kind, wenn Sie diese Tatsache mit Anstand hinnehmen und anerkennen, daß alle Versuche, die Autorität des sorgeberechtigten Elternteils zu schwächen, das Kind noch stärker verunsichern würden. Deshalb sollten Sie sich bemühen, nicht gegen, sondern mit Ihrem früheren Ehepartner zu arbeiten, auch wenn Sie sich an seiner Stelle anders verhalten würden. Legt der sorgeberechtigte Elternteil zum Beispiel viel Wert auf regelmäßige Mahlzeiten und gute Tischmanieren, dann sagen Sie Ihrem Kind nicht, daß diese Dinge keine Rolle spielen. Sorgt sich der andere Elternteil sehr um die Zähne des Kindes und besteht darauf, daß das Kind sich nach jeder Mahlzeit die Zähne putzt und nicht zuviel Süßigkeiten ißt, stopfen Sie es nicht mit Schokolade voll und achten Sie darauf, daß es das Zähneputzen auch ernst nimmt, wenn es bei Ihnen ist. Hat es der sorgeberechtigte Elternteil gerade abgelehnt, dem Kind ein neues Fahrrad zu kaufen, weil es das alte draußen hat verrosten lassen, schenken Sie ihm auch kein neues.

Widerstehen Sie der Versuchung, großzügiger zu sein, in der Hoffnung, so die Liebe des Kindes zu gewinnen – auch wenn es einfach angenehmer ist, nachgiebig als streng zu sein, da Sie das Kind ja nur gelegentlich für eine befristete Zeit sehen. Sie können einwenden, daß Sie und Ihr ehemaliger Ehepartner schon immer sehr unterschiedlicher Meinung gewesen seien und daß Ihr Kind dies noch aus der Zeit kenne, als Sie noch zusammenlebten. Sicher wird auch niemand von Ihnen erwarten, daß Sie Ihre ganze Persönlichkeit und Ihre Auffassungen ändern; doch sollten Sie Ihr Kind nicht noch dazu ermutigen, die Autorität des sorgeberechtigten Elternteils gering zu schätzen. Auch dann, wenn die Maßstäbe Ihres früheren Partners eher noch weniger strikt sind als Ihre eigenen, sollten Sie Ihrem Kind nicht das Gefühl vermitteln, daß der andere Elternteil im Unrecht ist (wenn er das Kind nicht gerade zu kriminellen Handlungen auffordert). Sie können höchstens von ihm verlangen, sich an Ihre Regeln zu halten, solange es bei Ihnen ist. Es muß und wird lernen, daß es Unterschiede zwischen den beiden Haushalten gibt. Seine Aufgabe, erwachsen zu werden, wird ihm jedoch zusätzlich erschwert, wenn es Unklarheit darüber gibt, welcher Elternteil letztendlich die Verantwortung trägt. Ob Sie es wollen oder nicht, Sie müssen sich damit abfinden, daß Sie die zweite Geige spielen. Tun Sie dies nicht, kann es Ihnen passieren, daß Ihr Kind, besonders wenn es älter wird, anfängt, beide Eltern gegeneinander auszuspielen, um für sich jeweils den größten Vorteil herauszuschlagen. Kurzfristig mag es dann vielleicht das Gefühl haben, der Gewinner der Partie zu sein – jedoch um den Preis des Verzichts auf eine konsequente Erziehung, die jedes Kind braucht, um ein verantwortungsbewußter und emotional gesunder Erwachsener zu werden.

## Die Besuche bei Ihrem Kind

Wenn Ihnen daran liegt, die Störungen für Ihr Kind so gering wie möglich zu halten, sollten Sie die Besuche möglichst bald nach der Trennung aufnehmen und sie regelmäßig fortführen. Je jünger Ihr Kind ist, um so schwerer wird es ihm fallen, die Beziehung zu Ihnen aufrechtzuerhalten, wenn Sie nicht da sind. Gerade Kinder unter drei Jahren verlieren besonders schnell ihre Bindung an einen Elternteil, den sie nicht täglich sehen. Als Sie noch zusammenlebten, haben Sie vielleicht bemerkt, daß Ihr damals sechs

Monate altes Baby schrecklich zu weinen anfing, wenn es von der Großmutter oder einer anderen Person auf den Arm genommen wurde, die nicht täglich im Hause war. Dieses »Fremdeln« kann es auch Ihnen gegenüber an den Tag legen, wenn Sie sich nur wenige Tage nicht gesehen haben – ein Zeitraum also, der Ihnen vielleicht ganz unerheblich erscheint.

Wenn Ihr Kind älter wird, können Sie die Besuchsregelung flexibel handhaben. Wenn gerade dann ein Treffen ansteht, wenn das Kind lieber mit seinen Freunden zusammen sein will, ins Kino gehen oder einfach zu Hause bleiben möchte, um zum Beispiel den Geburtstag des Stiefelternteils zu feiern, so verschieben Sie den Termin. Erinnern Sie sich daran, wie es war, als Sie in seinem Alter waren, und was Sie selbst damals gern gemacht haben.

Wenn Kinder älter werden, ist es normal, daß sie sich von ihren Eltern lösen und ihr eigenes Leben leben; Kinder geschiedener Eltern sollten darin nicht durch starre Besuchsregelungen eingeschränkt werden. Sie können auch nicht erwarten, daß Ihre Kinder – wenn Sie mehrere Kinder haben – Sie immer alle gleichzeitig besuchen und daß alle auf dieselbe Weise zufriedenzustellen sind.

Zum Zeitpunkt der Scheidung haben Sie vielleicht noch darauf bestanden, einen sorgfältig ausgearbeiteten Besuchsplan zu vereinbaren, und dies war auch nötig, weil Sie und Ihr Ehepartner sich sonst nicht über die Häufigkeit und Dauer der Besuche hätten einigen können. Sie wollten unter allen Umständen vermeiden, daß es vor jedem Treffen zu harten Auseinandersetzungen kommen würde. Es ist auch sicher vernünftig, dem durch geeignete Vereinbarungen vorzubeugen.

Doch bleibt zu hoffen, daß Ihr Arrangement nicht dem folgenden gleicht, auf das sich ein geschiedenes Ehepaar geeinigt und welches der zuständige Richter mit in die Scheidungsvereinbarung aufgenommen hat. Die Mutter hatte das Sorgerecht, das »Besuchsrecht« des Vaters sah folgendermaßen aus:

1. Gemeinsame Ferien, aber nicht länger als 14 Tage.
2. Ein Telefonanruf pro Tag.
3. Regelmäßige Rücksprache mit dem Vater sowie Berichte über die außerschulischen Aktivitäten des Kindes.
4. Teilnahme des Vaters an Elternsprechtagen.
5. Sofortige Benachrichtigung in Notfallsituationen und Mitbeteiligung des Vaters an Entscheidungen, die wesentliche Bedürfnisse des Kindes betreffen.
6. Verpflichtung des Vaters, alle Kosten für die Ausbildung zu tragen, Recht auf Mitsprache bei der Schulwahl.
7. Besuche:
   - jeden Mittwoch abend
   - am Wochenende abwechselnd jeden Samstag oder Sonntag
   - ein Wochenende im Monat, und zwar jeweils von Freitag, 18.00 Uhr, bis Sonntag, 21.00 Uhr
   - Geburtstag des Vaters und Vatertag
   - alle 2 Jahre Geburtstag des Kindes
   - alle 2 Jahre an folgenden Feiertagen: Silvester und Neujahr, Ostern, 1. Mai, 3. Oktober, Heiligabend und Weihnachten.

16 Monate später versuchte die Mutter, die Rechte des Vaters gerichtlich einschränken zu lassen mit der Begründung, das Kind sei durch die Regelung in seinem seelischen Gleichgewicht gestört. Dieser organisatorische Plan war ohne Zweifel für das Kind der reinste Alptraum. Dem unbeteiligten Betrachter kommt er ja auch eher vor wie das Arrangement zweier Familien, die ein Ferienhaus oder einen Rasenmäher gemeinsam benutzen, und nicht wie die Besuchsregelung für ein gemeinsames Kind. Das nüchtern-leblose Programm berücksichtigte in keiner Weise die sich verändernden Bedürfnisse und Interessen eines heranwachsenden Kindes. Kaum eine intakte Familie würde vermutlich eine dermaßen detaillierte Vorausplanung betreiben, und es wäre unrealistisch anzunehmen, daß es dem Kind gut täte, wenn seine Eltern nach der Scheidung an einer solchen Regelung festhielten.

Wenn es Ihnen darum geht, daß Ihr Kind von den Besuchen profitiert und auch Spaß daran hat, sollten Sie immer bereit sein, von einem Plan, und sei er noch so sorgfältig durchdacht, abzuweichen, wenn dieser Ihr Kind unnötig belastet. Sie sollten also nach Möglichkeit versuchen, die Besuche mit den Bedürfnissen und Interessen Ihres Kindes in Einklang zu bringen und es nicht zu enttäuschen, indem Sie nicht kommen, obwohl es auf Sie wartet. Es ist wichtig, daß es den Menschen, den es liebt, auch vertrauen kann. Das wird ihm natürlich erschwert, wenn Sie es ständig versetzen. Es liegt übrigens auf der Hand, daß Sie die Verabredungen leichter einhalten werden, wenn Sie sie zu einem angenehmen Erlebnis für Sie beide machen.

Als Sie noch zusammen wohnten, gehörte es zu Ihrem Alltag, daß Sie manchmal die Zeit zusammen verbrachten und manchmal getrennt. Jetzt, da Ihre gemeinsame Zeit relativ klar umrissen und begrenzt ist, bekommt die Situation dadurch leicht etwas Künstliches, was sich auf die Dauer als anstrengend erweisen kann. Da sich das Zusammensein jetzt auf gewisse Stunden konzentriert, sind Sie sich vielleicht im Zweifel darüber, ob Sie Ihre Verabredungen mit Aktivitäten verbinden sollen, an denen Ihr Kind nicht teilhaben kann. Aber glauben Sie nicht, daß Sie jeden einzelnen Besuch zu einem Riesenereignis für Ihr Kind machen müssen, ohne Rücksicht darauf, was *Sie* gern täten. Sie brauchen nicht jeden Sonntag mit ihm in den Zoo zu gehen, wenn Sie das langweilt. Auch wenn Sie vorzugsweise Unternehmungen planen, die Ihr Kind besonders mag, sollten Sie daneben ruhig versuchen, es dazu zu gewinnen, auch an Ihren Interessen Gefallen zu finden, soweit diese seinem Alter entsprechen. Vielleicht hat es Lust, Sie auf einem Einkaufsbummel zu begleiten oder mit Ihnen Verwandte zu besuchen, oder Sie schauen sich gemeinsam im Fernsehen die Sportschau an. Vielleicht haben Sie auch schon beobachtet, daß Sie beide, weil Sie sich so sehr vermissen, die Besuche mit allzu großen Erwartungen herbeisehnen; wie langersehnte Ferien stellen sich jedoch diese Besuche dann oft als gar nicht so aufregend heraus. Aber wilde Überaktivität verschlimmert im allgemeinen eher noch das nachfolgende Gefühl der Unzufriedenheit.

Die gemeinsamen Treffen können für Ihr Kind keine gute Erfahrung werden, wenn der sorgeberechtigte Elternteil sie von Anfang an bekämpft. Versuchen Sie deshalb nach Möglichkeit, alles miteinander zu besprechen, und seien Sie dabei so entgegenkommend wie möglich. Wenn Ihr Kind zu einer bestimmten Zeit zu Hause sein soll, bringen Sie es nicht jedes Mal zu spät zurück. Nutzen Sie Ihre Besuche nicht dazu aus, sich an Überbleibseln Ihrer alten Beziehung festzuhalten oder sich zu rächen – sei es für eine miserable Ehe oder dafür, daß Sie verlassen worden sind. Die Bindung Ihres Kindes an Sie wird ihm nur dann gut und sicher erscheinen, wenn sie nicht zu Lasten der Beziehung zu seinem sorgeberechtigten Elternteil geht. Es leidet darunter, wenn Sie versuchen, es für die Austragung Ihrer Kämpfe und Konflikte zu mißbrauchen, oder wenn Sie ihm das Gefühl vermitteln: »Du kannst mich nicht wirklich lieb haben, wenn Du Deinen Papa (oder Deine Mama) so sehr liebst«. Nur wenn das Kind keinem Loyalitätskonflikt ausgesetzt ist, kann es eine tiefe und liebevolle Zuneigung zu beiden Eltern bewahren und weiterentwickeln.

Angenommen, daß trotz all Ihrer Bemühungen, fair zu sein und alles miteinander zu besprechen, Ihr Kind Sie nicht sehen will oder Ihr früherer Ehepartner die Besuche ständig boykottiert; dann sollten Sie *nicht* erwägen, vor Gericht zu gehen, um Ihre Rechte einzuklagen, und die Unterhaltszahlungen *nicht* einstellen, um Druck auf Ihren früheren Partner auszuüben, so verführerisch dies auch sein mag. Auch wenn Sie meinen, daß Ihr Kind Sie braucht – wenn Sie die Besuche nur mit Hilfe des Gerichts erwirken können und Ihr Ehepartner erst unter Androhung von Strafe einwilligt, dann wird Ihr Kind mit Sicherheit darunter leiden. Ihr Rechtssieg wird ein Pyrrhussieg sein. Langfristig geben Sie sich und Ihrem Kind mehr Chancen, wenn Sie sich ein wenig im Hintergrund halten und darauf bauen, daß Ihr Kind eines Tages schon von selbst den Wunsch äußert, Sie wiederzusehen, oder daß der Widerstand Ihres früheren Ehepartners erlahmt. In der Zwischenzeit tun Sie gut daran, Ihrem Kind zu versichern, daß Sie es weiterhin lieben und immer da sind, wenn es Sie braucht, unabhängig davon, wie es selbst und Ihr früherer Ehepartner im Moment zu Ihnen stehen. Um es noch einmal deutlich zu sagen: Mit einer Streichung der Unterhaltszahlungen würden Sie Ihrem Kind und sich selbst einen schlechten Dienst erweisen. Seine Bedürfnisse nach täglicher Versorgung und Geborgenheit bleiben die gleichen, ob Sie nun versuchen, Ihr Besuchsrecht mit diesem Druckmittel durchzusetzen oder nicht. Gesetzmäßig ist dieses mögliche Druckmittel allerdings nicht, und es bringt allen Beteiligten nur Schaden.

## Änderung des Sorgerechts

Sorgerechtsentscheidungen sind zwar im rechtlichen Sinne nie endgültig. Dessenungeachtet sollten Sie den Status quo akzeptieren und nicht ohne weiteres versuchen, das Sorgerecht zu bekommen, etwa indem Sie sich auf eine »Veränderung der Umstände« berufen. Dies gilt natürlich nicht, wenn Ihr Kind mißhandelt oder grob vernachlässigt wurde oder wenn Ihr ehemaliger Ehepartner das Sorgerecht abgeben möchte.

Auch wenn Sie zum Zeitpunkt der Scheidung mit der Sorgerechtsentscheidung für Ihren Partner einverstanden waren, nun aber Ihre Meinung geändert haben, oder auch, wenn Sie das gerichtliche Verfahren verloren haben, sollten Sie nach Möglichkeit nicht wieder das Gericht bemühen. Ihr Kind braucht Kontinuität und Sicherheit. Ihre Scheidung hat dieses Gleichgewicht bereits empfindlich gestört; deshalb ist es für sein Wohlergehen wichtig, daß seine neue häusliche Situation, die sich vielleicht gerade erst etwas gefestigt hat, von Ihnen nicht wieder durcheinandergebracht wird. Dies sollten Sie auch dann vermeiden, wenn Sie meinen, Sie seien im Grunde der bessere Elternteil. Vielleicht haben Sie noch lebhafte Erinnerungen an die Tage, als Sie noch zusammenlebten, als Ihr Kind noch bei Ihnen Trost und Liebe suchte, und vielleicht glauben Sie, daß Sie dieses alte Verhältnis mit Leichtigkeit wieder aufbauen können. Aber das Zeitgefühl eines Kindes ist anders als das eines Erwachsenen, und seine starke Abhängigkeit von der täglichen Betreuung und Versorgung durch eine liebevolle Pflegeperson bewirkt, daß es eine sehr enge emotionale Bindung zu dieser Bezugsperson entwickelt. Ihr Kind hat wahrscheinlich großen Trennungsschmerz erleiden müssen, als es nach der Scheidung gezwungen war, ohne Sie auszukommen. Das Kind nun abermals vom sorgeberechtigten Elternteil trennen zu müssen, wäre ein zweiter großer Verlust. Der Schmerz dieser Erfahrung würde vielleicht gemildert durch die Tatsache, daß es einmal eine ebenso enge Bindung zu Ihnen hatte, doch ganz vermeiden läßt er sich nicht. Vielleicht meinen Sie, daß sich Ihr Kind schnell daran gewöhnen wird, wieder mit Ihnen zusammenzuleben. Doch jedesmal, wenn das Kind vom versorgenden Elternteil getrennt wird, werden sein Vertrauen und sein Bedürfnis nach Sicherheit erschüttert, und die Bindung an seine neue Bezugsperson ist weniger eng. Vielleicht vermissen Sie es sehr, nicht mehr täglich mit Ihrem Kind zusammen zu sein, und es verletzt Sie zutiefst, wenn Sie bemerken, wie es sich immer mehr von Ihnen entfernt, weil Ihr früherer Ehepartner den Kontakt zu verhindern sucht. Vielleicht meinen Sie, daß Sie Ihr Kind materiell besser versorgen könnten, ihm eine konsequentere Erziehung angedeihen lassen und mehr intellektuelle Anreize bieten können, als dies der sorgeberechtigte Elternteil zu tun in der Lage ist.

Sollten Sie aber tatsächlich erwägen, eine Änderung des Sorgerechts zu beantragen, erinnern Sie sich daran, daß das, was Ihnen als beste Lösung erscheint, nicht unbedingt das Beste für Ihr Kind sein muß. Aus seiner Sicht können die Vorteile, die Sie anzubieten haben, gering erscheinen im Vergleich zu den Nachteilen einer zweiten Entwurzelung. Dies ist manchmal schwer zu akzeptieren, weil Sie Ihr Kind nach wie vor lieben und sich ihm gefühlsmäßig sehr verbunden fühlen. Wenn jedoch für Sie die Zeit in dieser Hinsicht stehengeblieben ist, so ist sie für Ihr Kind weitergegangen, und die Veränderungen, die es gegeben hat, können nicht einfach wieder rückgängig gemacht werden. Eine nachträgliche Änderung der Sorgerechtsregelung hat allerdings um so weniger gravierende negative Auswirkungen, je älter Ihr Kind zur Zeit der Trennung war, je weniger Zeit seit der Trennung verstrichen ist und je stärker Sie bei seiner Erziehung und Betreuung einbezogen waren, als Sie noch zusammenwohnten.

Vielleicht fühlen Sie sich dazu gedrängt, eine Änderung des Sorgerechts zu beantragen, weil Sie davon überzeugt sind, daß Ihr Kind gern bei Ihnen wohnen möchte. Diesen Wunsch hat es Ihnen gegenüber vielleicht ausdrücklich geäußert. Deshalb muß es aber noch lange nicht wirklich in seinem Interesse sein, daß Sie diesen Wunsch verwirklichen. Eltern müssen immer wieder entscheiden, ob sie den Wünschen ihrer Kinder nachkommen sollen oder nicht. Kinder brauchen Eltern, die ihnen Einhalt gebieten, und daran ändert auch Ihre Scheidung nichts. Dabei werden Sie natürlich, je älter und reifer Ihr Kind ist, seine Wünsche immer mehr berücksichtigen – wie es eben auch der Fall wäre, wenn Sie nicht geschieden wären.

Wenn Sie zu der Überzeugung kommen, daß – aus welchem Grund auch immer – eine Änderung erforderlich ist, versuchen Sie zuallererst, Ihren früheren Ehepartner von der Richtigkeit dieser Entscheidung zu überzeugen. Vielleicht kann auch ein Kinderpsychologe oder Familientherapeut, den Sie gemeinsam aussuchen, Ihnen helfen, Ihre Meinungsverschiedenheiten aus dem Weg zu räumen und sich ehrlich und ausschließlich auf das Wohl Ihres Kindes zu konzentrieren.

Eine gerichtliche Auseinandersetzung sollte immer Ihre *letzte* Zuflucht sein. Sie würden Ihr Kind nur noch in einen stärkeren Loyalitätskonflikt stürzen und ihm das Gefühl nehmen, von seinen Eltern Sicherheit erwarten zu können; statt dessen würde es den Eindruck bekommen, nicht seine Eltern, sondern ein unpersönlicher Richter hätte wesentlichen Einfluß auf sein Leben.

# 10. Das gemeinsame Sorgerecht

Im allgemeinen ist es für ein Kind besser, wenn seine Eltern und nicht anonyme Richter über seinen Werdegang entscheiden. Es bleibt also zu hoffen, daß, wenn Sie sich beide zum Zeitpunkt der Scheidung für das gemeinsame Sorgerecht entschieden haben, der Richter diese Entscheidung auch akzeptiert und dies in die Scheidungsakte aufgenommen hat, selbst wenn er persönlich von der Richtigkeit der Entscheidung nicht überzeugt war.

Auch wenn die Eltern sich einig waren in der Entscheidung für ein gemeinsames Sorgerecht, kommt der Erfolg dieses Arrangements nicht von alleine. Viele der Überlegungen, die wir für das alleinige Sorgerecht genannt haben, gelten auch hier. Gemeinsames Sorgerecht kann die positive Folge haben, daß das Kind trotz Scheidung keinen Elternteil verliert, wenn zwischen beiden Eltern ein relativ gutes Einvernehmen besteht. Auch dann, wenn Sie sich nicht mehr besonders zugetan sind oder einander sogar verachten, kann es funktionieren, vorausgesetzt, Sie machen Ihr Kind nicht zu einem Streitobjekt zwischen Ihnen beiden oder zwingen es, für einen von Ihnen Partei zu ergreifen. Unter diesen Bedingungen kann es sein, daß das Kind zu beiden Eltern ein positives Verhältnis bewahrt und die Scheidung nur bis zu einem gewissen Grad als Störung in seinem Leben empfindet. Es kann weiterhin das Gefühl haben, ein Eltern*paar* zu besitzen, Vater *und* Mutter, die es beide nie aufgeben oder verlassen werden und die ihm Orientierung in der Welt bieten – sowohl aus weiblicher wie auch aus männlicher Sicht.

Wenn Sie Ihr Kind jedoch in Ihre Streitigkeiten ständig einbeziehen, bekommt es das Gefühl, zwischen zwei Polen hin- und hergezogen zu sein. Neben dem Kummer über diese Situation und dem Verlust an Vertrauen in Sie wird es sich auch fragen, ob es wirklich einen festen Rückhalt in seinen Eltern hat.[16] Anstelle eines zuverlässigen Elternpaares hat es mit zwei halbherzigen, zerstrittenen Elternteilen zu tun.

Soll das gemeinsame Sorgerecht eine für alle Beteiligten vorteilhafte Regelung sein, so erfordert dies von Ihnen kontinuierliche Anstrengungen, und Sie werden eventuell Veränderungen in Ihrem persönlichen Lebensrhythmus vornehmen müssen, um den Bedürfnissen Ihres Kindes gerecht zu werden. Das kann zum Beispiel heißen, daß Sie, wenn Ihr Kind gerade bei Ihnen ist, abends weniger ausgehen, oder daß Sie sich gegen die Möglichkeit entscheiden, sich in einer anderen Stadt beruflich zu verbessern, weil dann das gemeinsame Sorgerecht unmöglich würde und Sie Ihrem Kind etwas Wichtiges nehmen würden. Vor allem aber seien Sie sich darüber im klaren, daß Arrangements, die bisher praktikabel waren, mit dem Älterwerden Ihres Kindes vielleicht nicht mehr funktionieren, weil sie den Anforderungen der neuen Situation nicht mehr gerecht werden. Für ein Vorschulkind ist es vielleicht überhaupt nicht problematisch, abwechselnd von Ihnen und Ihrem früheren Ehepartner versorgt zu werden. Wenn es aber zur Schule geht, kann sich das schnell ändern. Es muß dann ständig mit all seinen Schulsachen und anderen Habseligkeiten hin- und herpendeln. Je nach der Entfernung zwischen den beiden Wohnungen kann das erhebliche Schwierigkeiten für die Gestaltung seiner Nachmittage mit sich bringen (Treffen mit Schulkameraden, Spielen mit Nachbarskindern usw.).

Gemeinsames Sorgerecht kann nur dann von Nutzen für Ihr Kind sein, wenn Sie es immer wieder von *seinem* Standpunkt aus betrachten. Angenommen, Ihr Kind hat in der Zeit unmittelbar nach der Scheidung die Wochenenden und Ferien mit Ihnen verbracht und die Schulzeit mit Ihrem ehemaligen Partner. Um sich mit dem Kind zu beschäftigen, mußten Sie manche Ihrer eigenen sozialen und Freizeitaktivitäten aufgeben. Nun wird es Sie verletzen und enttäuschen, zu sehen, wie es mit wachsendem Alter seine Freizeit ohne Sie plant. Das ist jedoch eine normale Entwicklung, und Sie sollten nicht erwarten, für Ihre früheren Opfer belohnt zu werden.

Wenn Sie mehrere Kinder haben, kann es sein, daß ein- und dieselbe Regelung nicht auf die Bedürfnisse aller Kinder gleichermaßen zugeschnitten sein kann. Obwohl im allgemeinen Geschwister nicht voneinander getrennt werden sollten, heißt das weder für die Sorgerechts- noch für die Besuchsregelung, daß alle Kinder zur gleichen Zeit und auf die gleiche Art mit dem einen

Elternteil zusammen sein müssen. So ist es schließlich auch nicht in einer vereinten Familie. Die Geschwister haben hier wie dort nicht den gleichen Tagesablauf, und es wäre eine nicht zu verantwortende Belastung für die Kinder geschiedener Eltern, wenn das gemeinsame Sorgerecht ihre normalen Freizeitaktivitäten und die Ausübung ihrer eigenen Interessen verhindern würde.

Es kann passieren, daß – unabhängig von Veränderungen, die sich mit dem Heranwachsen Ihres Kindes zwangsläufig ergeben, – Ihr gemeinsames Sorgerecht Sie nicht mehr zufriedenstellt; vielleicht will oder kann einer von Ihnen mit dem anderen einfach nicht mehr zusammenwirken. Konflikte bezüglich der religiösen Erziehung, Bestrafung, Geld, Schlafenszeiten, Ansichten über sexuelles Verhalten (Ihr eigenes, das Ihres Partners oder das Ihres Kindes) oder wegen der Absicht, in einen anderen Ort zu ziehen, sind mögliche Ursachen. Wo immer der Grund für die Schwierigkeiten liegt: Er kann es erforderlich machen, die vereinbarten Regelungen zu ändern oder sogar das gemeinsame Sorgerecht aufzukündigen.

Ebenso wie gemeinsames Sorgerecht nicht funktionieren kann, wenn ein Elternteil von vornherein dagegen war, verliert es auch an Wirksamkeit, wenn sich erst im Laufe der Zeit ein Widerstand dagegen entwickelt. Auch hier gilt es, nach Möglichkeit die Schwierigkeiten unter sich auszumachen. Sich wieder ans Gericht zu wenden, sollte erst als *letzter* Ausweg in Betracht gezogen werden, und zwar zum einen, weil es nicht gut für Ihr Kind wäre, erneut einem Gerichtsverfahren ausgesetzt zu sein, zum anderen, weil der Richter weit weniger als Sie in der Lage ist, eine Lösung zu finden, die für alle Betroffenen annehmbar ist. Es sei noch einmal gesagt, daß derjenige Elternteil, der primär für das Mißlingen der Ehe verantwortlich war, nicht automatisch vom Sorgerecht ausgeschlossen werden sollte; ebenso sollte auch nicht automatisch dem Elternteil die Sorge entzogen werden, an dem das gemeinsame Sorgerecht scheiterte. Angenommen, Ihr Kind hat zu Ihnen, dem Vater, ein weniger gutes Verhältnis als zu seiner Mutter. Diese beschließt nun, in eine andere Stadt zu ziehen, sei es, um eine neue Arbeitsstelle zu finden, oder auch, um sich von Ihrer Allgegenwart zu lösen. In diesem Fall sollte das Sorgerecht *ihr* übertragen werden, auch wenn es in Ihren Augen falsch war, daß sie weggezogen ist.

Wenn Sie sich vor allem von den Interessen Ihres Kindes leiten lassen und nicht nur von Ihren eigenen Wünschen, werden Sie leichter eine Lösung finden, die eine vernünftige und für alle Seiten akzeptable Alternative darstellt zu einer Regelung, die sich als untauglich erwiesen hat.

So erging es einem geschiedenen Ehepaar, das sich anfangs auf ein gemeinsames Sorgerecht für seine vierjährige Tochter geeinigt hatte. Der Vater war Arzt, die Mutter absolvierte gerade ihr praktisches Jahr als Medizinstudentin. Sie lebten in zwei getrennten Wohnungen, die sehr nahe beieinander lagen. Die ursprüngliche Regelung sah vor, daß die Tochter von Montag bis Freitag bei ihrer Mutter lebte und an den Wochenenden beim Vater. Während der Woche besuchte das Mädchen eine Kindertagesstätte. Zwistigkeiten kamen auf, als der Vater mit einer anderen Frau zusammenzog, die zwei Kinder aus ihrer ersten Ehe mitbrachte – zwei Jungen von fünf und acht Jahren. Die Mutter machte sich nun Sorgen, wie ihre Tochter mit dieser neuen Situation fertig werden würde. Der Vater machte nun den Vorschlag, daß das Mädchen ganz zu ihm ziehen solle; seine Freundin sei nur halbtags beschäftigt und habe Zeit, sich um das Mädchen zu kümmern, wohingegen die Mutter gerade extrem durch ihre letzten Prüfungen eingespannt war. Und tatsächlich hatte auch sie den Vater einige Zeit zuvor gebeten, die Regelung dahingehend zu ändern, daß die Tochter an den Wochenenden zu ihr kommen und die Wochentage bei ihm verbringen sollte. Beide Elternteile wollten ihre schlechten Erfahrungen mit Gerichten nicht wiederholen und waren dazu entschlossen, ohne das Gericht eine befriedigende Lösung zu finden. Sie wandten sich an einen Kinderpsychologen und hofften, mit seiner Hilfe eine Neuregelung zu erreichen, die sich an den Bedürfnissen ihres Kindes ausrichtete und nicht daran, wessen Schuld es war, daß die ursprünglich vereinbarte Regelung nicht mehr funktionierte.

Gemeinsames Sorgerecht kann Ihrem Kind nützen, wenn Sie beide bereit und fähig sind, auf Veränderungen flexibel zu reagieren, einfühlsam auf die Wünsche und Schwierigkeiten Ihres Kindes einzugehen und es in Ihre Entscheidung mit einzubeziehen, wenn es dazu alt genug ist. Wenn eine solche Einstellung des gegenseitigen Gebens und Nehmens besteht, so können sich mit Hilfe des gemeinsamen Sorgerechts die Eltern-Kind-Beziehungen denjenigen annähern, wie sie in einer intakten Familie bestehen. Allerdings ist bei dieser Sichtweise auch Vorsicht geboten, denn sie offenbart eines der Grundprobleme des gemeinsamen Sorgerechts: Sie leugnet in gewisser Weise die Realität Ihrer Scheidung. Diese Realität kommt vor allem dann zum Vorschein, wenn einer der beiden Ehepartner eine neue Beziehung eingeht. Den Einfluß, den diese auf Ihr Kind ausübt, werden wir im nächsten Kapitel behandeln.

# 11. Stieffamilien

## Neue Beziehungen

Wenn der eine Elternteil nach der Trennung häufiger abends weggeht und neue Beziehungen beginnt, kann das auch Folgen für das Kind haben. Wahrscheinlich ist es erst einmal verunsichert, weiß nicht, was es von dieser neuen Konstellation halten soll. Unter Umständen werden auch heftige, zugleich zwiespältige Gefühle in ihm ausgelöst. Sein Verhalten spiegelt zugleich den Wunsch, den anderen Elternteil, der ihm durch die Scheidung genommen wurde, zurückzubekommen, also das tiefe Bedürfnis, einen Ersatz für ihn zu finden, sowie die Angst, nun auch noch die Liebe und Zuneigung des verbleibenden Elternteils zu verlieren.

Sie als Mutter wundern sich vielleicht darüber, wie zärtlich Ihre zweijährige Tochter jedem männlichen Besucher begegnet – und handelt es sich auch nur um eine flüchtige Bekanntschaft –, so daß es Ihnen schon fast peinlich ist. Bei Ihrem zehnjährigen Sohn dagegen bringt es Sie vielleicht in Verlegenheit, daß er sich gegenüber einem guten Freund, mit dem Sie häufig zusammen sind, ausgesprochen unhöflich und frech benimmt. Seien Sie darauf bedacht, in Ihren Kindern weder verfrühte Hoffnungen noch Befürchtungen im Hinblick auf eine neue Partnerschaft zu wecken. Ihrem Sohn könnten Sie versichern, daß Sie nicht beabsichtigen, sofort wieder zu heiraten, und daß es Ihnen einfach gefällt, verschiedene Freunde zu haben, mit denen Sie ausgehen können – natürlich nur, sofern dies den Tatsachen entspricht. Bei Ihrer kleinen Tochter läßt sich mit Worten noch nicht viel ausrichten; aber Sie und Ihr Freund könnten es zum Beispiel nach Möglichkeit vermeiden, sich in ihrer Gegenwart zu umarmen und zu küssen, weil es sie verwirren würde.

Falls und sobald Sie sich dazu entschließen, mit Ihrem neuen Partner zusammenzuziehen, sollten Sie folgendes bedenken: Je häufiger Ihr Freund mit Ihnen allen zusammen ist, und je mehr er sich wie ein Ehemann und Vater verhält, desto wahrscheinlicher ist es, daß Ihre Kinder sich an ihn gewöhnen und ihn in ihr Herz schließen. Um so mehr wird es sie aber auch aus der Bahn werfen, wenn Sie beide sich wieder trennen und er die Kinder wieder verläßt.

Sollten sich solche Erfahrungen häufen, bringt dies große Unruhe in das Leben Ihrer Kinder und macht es ihnen schwerer, den Menschen in ihrer unmittelbaren Umgebung Liebe und festes Vertrauen entgegenzubringen.

## Wiederverheiratung

Wenn ein Elternteil eine neue Ehe eingeht, so bedeutet dies eine weitere große Veränderung im Leben des Kindes – oft eine Veränderung zum Guten. Es wird ihm gut tun, wenn es in der neuen Familie Harmonie und Eintracht erleben und das Gefühl haben kann, dort sicher aufgehoben zu sein. Wenn es hingegen vom Stiefvater bzw. von der Stiefmutter abgelehnt oder gar geschlagen wird oder wenn die neue Ehe schiefgeht, dann ist wahrscheinlich wieder das Kind der Hauptleidtragende. Auf der anderen Seite bietet auch eine glücklichere Konstellation – wenn der neue Partner all das verkörpert, was das Kind sich wünscht, und jeder in der Familie zufrieden ist – keine Gewähr dafür, daß die Umgewöhnung problemlos vonstatten geht.

Die Wunschvorstellung des Kindes, daß seine Eltern sich wieder versöhnen und erneut wie früher zusammenleben mögen, erfährt durch die Wiederverheiratung einen empfindlichen Schlag. Dies erklärt vielleicht das nervenaufreibende Verhalten Ihres Kindes, über das Sie sich ärgern und dem Sie zugleich ratlos gegenüberstehen. So kann es sein, daß Ihre kleine Tochter, die noch vor einiger Zeit so gerne auf den Schoß Ihres Freundes kletterte und ihn Papa nannte, sich nach der Heirat plötzlich trotzig und verstockt gibt. Und Ihr Zehnjähriger behält sein unverschämtes Benehmen weiterhin bei. Beide Kinder weisen alle Zeichen der Freundschaft und Zuneigung Ihres neuen Ehemannes zurück und machen Ihnen beiden das Leben schwer. Durch dieses Verhalten wollen sie möglicherweise ausdrücken, daß sie zwar einen Vater vermissen und sich einen solchen wünschen, zugleich aber darunter leiden, daß ein fremder Mann den Platz einnimmt, der eigentlich ihrem Vater zusteht.[17]

Die Wiederverheiratung der Eltern bzw. eines Elternteils wirkt sich auf das Kind noch in anderer Weise aus und kann Folgen haben, die über alle eben beschriebenen anfänglichen Gefühlsregungen noch hinausgehen. Schließlich muß sich das Kind nicht nur an einen Stiefvater bzw. eine Stiefmutter gewöhnen, was ihm oft schon schwer genug fällt, es muß darüber hinaus auch mit oft gravierenden Veränderungen in der Beziehung zu seinen leiblichen Eltern fertig werden, und seine gesamten Lebensumstände werden umgekrempelt.

Zum Beispiel trägt eine sorgeberechtigte Mutter nun einen anderen Namen als ihr Kind. Sie gibt in aller Regel die alte Wohnung auf, um mit ihrem neuen Mann zusammenzuziehen. Für das Kind bedeutet dies unter Umständen eine neue Schule, Abschiednehmen von alten Freunden und die Notwendigkeit, neue Freundschaften zu schließen. Die Mutter – erst einmal ganz davon in Anspruch genommen, sich auf ihre neue Ehe einzustellen – wird zunächst weniger Zeit und Energie als früher für ihr Kind aufbringen. Ein nichtsorgeberechtigter Vater kommt nach seiner Wiederverheiratung vielleicht seltener, weil ein Großteil seiner freien Zeit der neuen Familie zugute kommt. Heiratet er hingegen nicht wieder, so wird er der neuen Ehe des anderen womöglich ablehnend gegenüberstehen, was zu Schwierigkeiten mit der Besuchsregelung führen kann. So ist es denkbar, daß eine sorgeberechtigte Mutter ihrem Ex-Ehemann immer wieder Steine in den Weg legt, weil er sein Kind zu allen Familienfesten – einschließlich des Geburtstags der »Stiefmutter« – mitnehmen will. Ein nichtsorgeberechtigter Vater dagegen, dessen frühere Frau wieder geheiratet hat, besteht vielleicht nachdrücklicher als bisher auf seinen Besuchsrechten und der Einhaltung anderer Vereinbarungen. Oder er kommt nun seltener oder gar nicht mehr, weil das Kind zu weit entfernt wohnt oder weil er nicht damit fertig wird, daß ein anderer Mann seinen Platz eingenommen hat. Dies kann so weit führen, daß er mit dem Gedanken spielt, die Unterhaltszahlungen zu kürzen oder ganz einzustellen, in der Meinung, daß der zweite Mann, wenn er schon den eigentlich ihm zustehenden Platz als Ehemann und Vater eingenommen hat, dann auch die finanzielle Verantwortung übernehmen sollte.

Sie können, wenn Sie eine zweite Ehe eingegangen sind und um das Wohlergehen Ihres Kindes besorgt sind, einiges tun, um Enttäuschungen und schwierigen Situationen vorzubeugen. Versuchen Sie vor allem, Ihr Kind bei Ihren Entscheidungen mit einzubeziehen; fragen Sie es nach seinen Wünschen und Befürchtungen, um besonders beunruhigende Veränderungen nach Möglichkeit zu vermeiden. Helfen Sie ihm dabei, auch die Vorteile der neuen Situation zu sehen. Wenn beispielsweise Sie als sorgeberechtigter Elternteil wieder heiraten und mit Ihrem neuen Partner zusammenziehen, versuchen Sie unter allen Umständen, im Kinderzimmer wieder die vertraute Ordnung herzustellen; sorgen Sie dafür, daß Ihr Kind seine alten Möbel, sein Bett und die gewohnte Decke usw. behält. Nehmen Sie nach Möglichkeit die Situation nicht zum Anlaß, endlich einmal alte Spielsachen und Habseligkeiten auszusortieren. Versuchen Sie auch, es so einzurichten, daß Ihr Kind seine früheren Freunde aus der Nachbarschaft weiter besuchen kann.[18] Nutzen Sie, wenn irgend möglich, Gelegenheiten, mit ihm allein zu sein und die Zeit so zu verbringen, wie Sie es vor der Heirat gerne getan haben. Vor allem aber zeigen Sie ihm immer wieder, daß die neue Familie Ihrer Liebe zu ihm nichts anhaben kann.

Haben Sie als nichtsorgeberechtigter Elternteil wieder geheiratet, versuchen Sie, Ihr Kind so oft zu sehen, wie Sie es vorher getan haben und wie Ihr Kind es gern möchte. Lassen Sie es keine Nachteile erleiden wegen Ihrer neuen Familie, weder in emotionaler noch in finanzieller Hinsicht. Wenn Ihr früherer Partner wieder geheiratet hat und Sie alleingeblieben sind, lassen Sie Ihre Eifersucht und Ihren Zorn nicht an Ihrem Kind aus. Lebt es mit Ihnen zusammen, machen Sie ihm Besuche bei der Familie Ihres früheren Partners nicht noch unnötig schwer. Lebt es nicht mit Ihnen zusammen, ermöglichen Sie ihm Besuche, wann immer es will, aber benutzen Sie diese Besuche nicht dazu, ihm das Leben in der neuen Familie zu vergällen. Wenn Sie seine Beziehung zur Stiefmutter bzw. zum Stiefvater akzeptieren, werden Sie die Bindung Ihres Kindes an Sie längerfristig festigen, anstatt sie zu schwächen.

Es wird Ihrem Kind guttun, wenn Sie sein Bedürfnis nach Sicherheit und Kontinuität respektieren, wenn Sie ihm erlauben, ja es geradezu ermutigen, sich als Teil seiner neuen Familie zu fühlen, ohne sich deshalb Ihnen gegenüber illoyal zu fühlen und ohne Sie und Ihre Zuneigung zu verlieren, die es braucht.

## Andere Kinder in der neuen Familie

Oft ist es bei einer erneuten Eheschließung so, daß Ihr Kind mit dem neuen Vater bzw. der neuen Mutter zugleich auch neue Geschwister bekommt – eine fertige neue Familie also. Dies wird unter Umständen sehr gemischte Gefühle bei ihm auslösen.

Ein kleiner Junge beäugt vielleicht eifersüchtig seinen Stiefbruder, weil seine Mutter diesem so viel Aufmerksamkeit schenkt; sie ihrerseits bemüht sich auf diese Weise, eine Beziehung zu ihrem Stiefsohn aufzubauen. Erst später mag sich die anfängliche Abneigung des Jüngeren legen, und es wird ihm vielleicht sogar Spaß machen, mit dem älteren Bruder zu spielen. Einem kleinen Mädchen, dessen Vater ein zweites Mal geheiratet hat, gefällt es vielleicht, mit ihrer kleinen Stiefschwester, die noch ein Säugling ist, zu spielen wie mit einer Puppe. Zugleich ärgert sie sich aber darüber, die Aufmerksamkeit des Vaters jetzt mit einem anderen Kind teilen zu müssen. Sind Stiefbruder oder Stiefschwester ungefähr im gleichen Alter, so fordert dies die Rivalität noch mehr heraus. Und gibt es gar gleich mehrere Kinder in der neuen Familie, so wird das Kind schier erdrückt von den vielen Eindrücken. Es läuft Gefahr, sich wie ein Außenseiter zu fühlen, mutlos und traurig zu werden. Um so besitzergreifender aber mag es sich nun seinem leiblichen Vater bzw. der leiblichen Mutter gegenüber zeigen.

Wenn der eigene und der Stief-Elternteil zusammen ein Kind bekommen, kann es geschehen, daß das Kind aus erster Ehe – obwohl es sich inzwischen in seiner neuen Familie wohlzufühlen schien – plötzlich wie verwandelt ist. Es gerät leicht in Zorn, reagiert überempfindlich, zieht sich in sich zurück, ist ungehorsam oder fällt in kindliche Verhaltensweisen zurück, die es eigentlich längst abgelegt hatte. Fast jeder kennt die Eifersucht, die die Geburt eines neuen Geschwisters in einem Kind auslöst. Diese Eifersucht findet sich noch ausgeprägter bei Halbgeschwistern, egal ob es der sorgeberechtigte oder der nichtsorgeberechtigte Elternteil ist, der das Baby bekommt. In den Augen des Kindes gehört das Neugeborene ganz zu seiner Mutter bzw. seinem Vater, mehr als es selbst. Und die Ankunft eines neuen Kindes macht seinen alten Traum von der Wiedervereinigung der Eltern nun gänzlich zunichte – einen Traum, an dem es insgeheim, trotz der Wiederverheiratung, festgehalten haben mag.

Wie bei anderen Veränderungen im Zuge der elterlichen Trennung wird es auch hier Ihrem Kind am besten bekommen, wenn Sie sehr wachsam beobachten, wie es auf die neuen Ereignisse reagiert, und ihm die Gewißheit geben, daß es auch weiterhin seinen festen Platz und sicheren Halt in der Familie behält.

# 12. Schlußbemerkung

Kinder sind angewiesen auf ihre Eltern – ohne sie könnten sie nicht leben, sich nicht ernähren und hätten keine Orientierung. Weil sie nicht wie Erwachsene in der Lage sind, reife und überlegte Entscheidungen zu treffen, können sie nicht wirklich mitreden bei der Scheidung ihrer Eltern und deren Auswirkungen – noch nicht einmal bei den Regelungen, die sie selbst und die Sorge für sie betreffen. Aber sie nehmen emotional starken Anteil an diesen Ereignissen.

Gesetzgeber, Anwälte, Richter und Kinderexperten können das Ihre dazu beitragen, um das weitere Leben des Kindes zu erleichtern oder auch zu erschweren; doch letztlich sind die Eltern diejenigen, die am besten geeignet sind, Entscheidungen zu treffen, deren Folgen schließlich ihr Leben und das ihres Kindes nachhaltig beeinflussen werden.

Eltern, die in Trennung leben, suchen zwar Hilfe und Orientierung bei anderen; Gesetze und Richter können zwar Anordnungen treffen und Leitlinien vorgeben; aber diese Hilfe, diese Gesetze, diese Verordnungen und Leitlinien können dem Kind nur dann dienen, wenn seine Eltern sie akzeptieren, ihnen zustimmen und vor allem: wenn sie danach handeln.

Wenn Sie selbst dahin gelangen können, sich zu fragen, wer von Ihnen beiden wahrscheinlich besser die alltäglichen Bedürfnisse Ihres Kindes erfüllen kann, oder, anders ausgedrückt, *wer* von Ihnen beiden *Ihrem* Kind zugesprochen werden sollte (eine Frage, die den Erfordernissen der Situation eher entspricht als die Frage danach, *wem* von Ihnen das Kind zugesprochen werden soll); wenn Sie also vor, während und nach der Trennung, Scheidung und Wiederverheiratung die Ereignisse *mit den Augen Ihres Kindes* betrachten können und dabei sein Grundbedürfnis nach Zuwendung, Sicherheit, Kontinuität und Beständigkeit respektieren – dann haben Sie damit einen großen und wichtigen Schritt getan – sowohl für das Wohlergehen Ihres Kindes als auch für Ihr eigenes.

# Anhang

# Anmerkungen

1 Diese Zahlen sind den Jahrbüchern des Statistischen Bundesamtes entnommen. Danach wurden beispielsweise im Jahr 1986 372 112 Ehen geschlossen und 122 443 geschieden, wobei die Frauen fast doppelt so oft als Antragstellerinnen auftraten wie die Männer. Interessant ist auch, daß die Hälfte der geschiedenen Ehen kinderlos war.

2 »Manchmal hört ein Kind geschiedener Eltern einfach auf zu sprechen und zieht sich ganz in sich zurück, weil es sich nirgendwo zu Hause fühlt. Und die Eltern schicken das Kind zur Behandlung, so als handelte es sich hierbei um eine Krankheit und nicht um ein Unglück.« (mündlicher Kommentar von Anna Freud gegenüber den Autoren)

3 Vgl. auch Kap. 4 und die dort angeführte Erörterung des Themas Beratung.

4 Joseph Goldstein/Anna Freud/Albert J. Solnit: Jenseits des Kindeswohls

5 Wenn wir von einem »Kind« im Singular sprechen, gelten die Erläuterungen im allgemeinen auch dann, wenn es mehrere Kinder in der Familie gibt. Ebenso bezeichnen wir auch alle Fachleute mit männlichen Pronomen, um die schwerfällige Schreibweise »er oder sie« zu umgehen.

6 Joseph Goldstein/Anna Freud/Albert J. Solnit: Jenseits des Kindeswohls

7 Vgl. z.B. John Bowlby: Trennung – Psychische Schäden als Folge der Trennung von Mutter und Kind; Anna Freud/Dorothy Burlingham: Berichte aus den Kriegskinderheimen »Hampstead Nurseries«, Bde II u. III der »Schriften der Anna Freud«

8 Joseph Goldstein/Anna Freud/Albert J. Solnit: Jenseits des Kindeswohls, S. 19 f., s.a. oben, Kap. 1

9 Man unterscheidet Personen- und Vermögenssorge, also die Verantwortlichkeit für Kleidung, Wohnung, medizinische Versorgung, Schule usw. auf der einen, die Vermögensverwaltung (z.B. von Erbschaften Minderjähriger) auf der anderen Seite. Hierbei kann die Personen- und die Vermögenssorge durchaus verschiedenen Personen zugesprochen werden. Wenn wir im folgenden allerdings von »Sorge« und »Sorgerecht« sprechen, so beziehen wir diesen Begriff in erster Linie auf die *Personen*sorge.

10 Siehe z.B. Horst Luthin: Gemeinsames Sorgerecht nach der Scheidung

11 Sie können die Telefonnummer natürlich auch selbst erfragen, z.B. bei einem Frauenzentrum – soweit vorhanden –, bei Familienberatungsstellen oder in Anwaltsbüros. Im Telefonbuch sind Frauenhäuser verständlicherweise nicht aufgeführt.

12 Das Verschuldungsprinzip, das seit Ende der 70er Jahre nicht mehr in Kraft ist, stellte einen engen Zusammenhang her zwischen der »Schuld« eines Ehepartners am Scheitern einer Ehe – etwa durch seelische Grausamkeit oder durch Ehebruch – und der Zuerkennung des Sorgerechts. Da aber der »schuldlose« Elternteil nicht notwendigerweise auch der bessere sein muß, ist das Prinzip, die Sorgerechtsentscheidung am »Wohl des Kindes« auszurichten (s. S. 74 f.), wesentlich sinnvoller.

13 Siehe z.B. Jerome Kagan: Die Natur des Kindes

14 Siehe z.B. John Bowlby (s. Anm. 7) sowie Anna Freud: Wege und Irrwege der Kindesentwicklung, 4. Aufl., Klett-Cotta, Stuttgart 1988

15 Ein Rechtsanspruch eines Großelternteils auf Besuchsrecht besteht jedoch nicht. Dieses kann aber angeordnet werden, wenn es dem Wohl des Kindes dient und die Bindung des Kindes an einen vollverantwortlichen Elternteil nicht beeinträchtigt.

16 Viele Gerichte erkennen dies an. Zur Verdeutlichung sei hier aus einer – allerdings amerikanischen – Gerichtsakte zitiert: »Beide Elternteile zeigten große und unversöhnliche Unterschiede in ihrer Persönlichkeit, ihrem Lebensstil und ihrem Erziehungsstil. Der Vater war als ordnungsliebender, strukturierter, verantwortlicher und unflexibler Mann charakterisiert, während die Mutter als energische, impulsive, unreife und offene Frau beschrieben wurde. Diese Ungleichheit in der persönlichen Orientierung der Eltern führte zu entgegengesetzten Ansichten über die richtige Ernährung des Kindes, die Gesundheitsvorsorge und alle täglichen Verrichtungen und schließlich zum Scheitern des gemeinsamen Sorgerechts.«

17 »Wenn ich an einen Stiefvater oder Stiefmutter denke, dann stelle ich mir einen ganz gemeinen Menschen vor, jemanden, der einen nicht so liebt wie die eigenen Eltern. Aber ich weiß, daß das nicht stimmt. Ich weiß nur, daß ich meine eigenen Eltern behalten will.« Bemerkung eines neunjährigen Mädchens, zitiert in »When a parent remarries«, New York Times, 3. Januar 1983.

18 Der Gedanke, daß Sie Ihr Kind aus Kontinuitätsgründen darin unterstützen sollten, den Kontakt zu seinen Freunden und zur alten Umgebung aufrechtzuerhalten, ist natürlich nicht nur auf den Fall Ihrer Wiederverheiratung beschränkt. Er gilt für die ganze Zeit während Ihrer Trennung und Scheidung.

# Weiterführende Literatur


Bowlby, John: Trennung – Psychische Schäden als Folge der Trennung von Mutter und Kind, Fischer, Frankfurt/M. 1976

Fraiberg, Selma: Die magischen Jahre in der Persönlichkeitsentwicklung des Vorschulkindes – Psychoanalytische Erziehungsberatung, Rowohlt, Reinbek b. Hamburg 1972

Freud, Anna: Wege und Irrwege in der Kinderentwicklung, 4. Aufl., Klett-Cotta, Stuttgart 1988

Freud, Anna: Die Schriften der Anna Freud, 10 Bde, hg. von Helga Watson u. Michael Schröter, Fischer, Frankfurt/M. 1987

Goldstein, Joseph/Anna Freud/Albert J. Solnit: Jenseits des Kindeswohls, Suhrkamp, Frankfurt/M. 1974

Hassenstein, Bernhard und Helma: Was Kindern zusteht, 2. Aufl., Piper, München 1978

Kagan, Jerome: Die Natur des Kindes, 2. Aufl., Piper, München 1987

Klussmann, Rudolf: Das Kind im Rechtsstreit der Erwachsenen – Wegweiser für Eltern und Jugendämter, Richter und Psychologen, Ernst Reinhardt-Verlag, München 1981

Langenfeld, Gerrit: Handbuch der Eheverträge und Scheidungsvereinbarungen 1984

Lenthe, Sophie von (Hrsg.): Kinder verstehen – Ein psychologisches Lesebuch für Eltern, 2. Aufl., Deutscher Taschenbuch Verlag, München 1993

Luthin, Horst: Gemeinsames Sorgerecht nach der Scheidung, Gieseking, Bielefeld 1987

Montessori, Maria: Kinder sind anders, 10. Aufl., Deutscher Taschenbuch Verlag/Klett-Cotta, München 1992

Schultz, Hans-Jürgen: Trennung, 2. Aufl., Deutscher Taschenbuch Verlag, München 1992

Simitis, Spiros u.a.: Kindeswohl – Eine interdisziplinäre Untersuchung über seine Verwirklichung in der vormundschaftsgerichtlichen Praxis, Suhrkamp, Frankfurt/M. 1979

Skynner, Robin u.a.: … Familie sein dagegen sehr – Eine Lebensform im Dialog, Deutscher Taschenbuch Verlag, München 1994

Stierlin, Helm: Eltern und Kinder – Das Drama von Trennung und Versöhnung im Jugendalter, Suhrkamp, Frankfurt/M. 1980

# Zeit der Verletzlichkeit

5. Auflage 1995. 235 Seiten, 34 Abbildungen, broschiert, ISBN 3-608-95756-1

Die Pubertät ist der Übergang von der Kindheit zur Jugendzeit. Mit ihr beginnt sich der Körper zu verändern und der Geist und die Gefühle verändern sich auch. Wir müssen uns innerlich an die Veränderungen unseres Körpers anpassen, und das ist nicht immer einfach. Die ganze Person stürzt in ein großes Tohuwabohu, das jeder von uns auf seine ganz persönliche Weise durchlebt.

Françoise Dolto hatte in ihrer jahrzehntelangen Praxis mit Tausenden von Heranwachsenden zu tun, und sie weiß sehr genau, wie verwundbar Jugendliche gerade in dieser Zeit des Übergangs von der Kindheit zum Erwachsenenalter sind. Sie weiß aber auch, daß sie ihre Probleme selbst lösen können. Sie fordert deshalb die Jugendlichen auf, ihre Sache selbst in die Hand zu nehmen, ihre Rechte zu vertreten und sich nicht durch die Gesellschaft unmündig machen zu lassen.

Klett-Cotta

# Das ABC der Kindergesundheit

›Das große Kindergesundheits-Lexikon‹ ist so wichtig wie der Erste-Hilfe-Kasten und die Hausapotheke. Die Gesundheit der Kinder nämlich beginnt zu Hause. Eltern brauchen dieses umfassende Handbuch, um selbst zu helfen – aber auch, um den Ärzten ihrer Kinder mündige und kompetente Partner zu sein.

**Das Buch, das hilft, wenn Kinder krank sind.**

- informiert verständlich über 450 Krankheiten von A bis Z
- beschreibt klar Ursachen, Symptome, Diagnose, Behandlung und Vorbeugung
- klärt auf über die körperliche und seelische Entwicklung von Babys, Kindern und Jugendlichen
- berät Eltern bei der Wahl des Arztes, Untersuchungen und Impfungen
- gibt Ratschläge für Krankenpflege und Krankenhausaufenthalt
- zeigt Erste Hilfe bei Notfällen
- hilft weiter mit wichtigen Adressen von Selbsthilfegruppen, Beratungsstellen und Notfallzentralen

**Herausgegeben vom Boston Children´s Hospital. Mit Schwarzweiß-Abbildungen. Aus dem Amerikanischen übersetzt und bearbeitet von Dr. Sebastian Vogel, Dr. Susanne Kuhlmann-Krieg und Beate Bettenhausen.**

**dtv 36007**

Das Boston Children´s Hospital, die berühmte Kinderklinik der Harvard Medical School, ist das größte pädiatrische Forschungszentrum der Welt. 150 Ärzte und Mitarbeiter der Klinik aus allen medizinischen Fachgebieten haben an diesem Lexikon mitgearbeitet.

# Selbst die besten Eltern wissen manchmal nicht mehr weiter

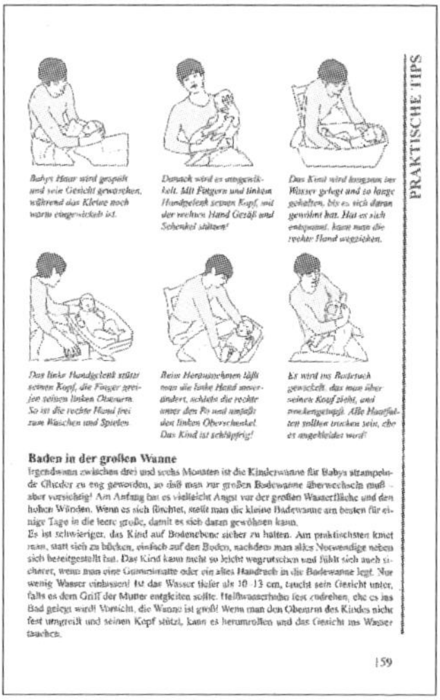

PRAKTISCHE TIPS

*Babys Haar wird gespült und sein Gesicht gewaschen, während das Kleine noch warm eingewickelt ist.*

*Danach wird es ausgewickelt. Mit Fingern und linkem Handgelenk seinen Kopf, mit der rechten Hand Gesäß und Schenkel stützen!*

*Das Kind wird langsam ins Wasser gelegt und so lange gehalten, bis es sich daran gewöhnt hat. Hat es sich entspannt, kann man die rechte Hand wegziehen.*

*Das linke Handgelenk stützt seinen Kopf, die Finger greifen seinen linken Oberarm. So ist die rechte Hand frei zum Waschen und Spielen.*

*Beim Herausnehmen läßt man die linke Hand unverändert, schiebt die rechte unter den Po und umfaßt den linken Oberschenkel. Das Kind ist schlüpfrig!*

*Es wird ins Badetuch gewickelt, das man über seinen Kopf zieht, und trockengetupft. Alle Hautfalten sollten trocken sein, ehe es angekleidet wird!*

**Baden in der großen Wanne**

Irgendwann zwischen drei und sechs Monaten ist die Kinderwanne für Babys strampelnde Glieder zu eng geworden, so daß man zur großen Badewanne überwechseln muß – aber vorsichtig! Am Anfang hat es vielleicht Angst vor der großen Wasserfläche und den hohen Wänden. Wenn es sich fürchtet, stellt man die kleine Badewanne am besten für einige Tage in die leere große, damit es sich daran gewöhnen kann.

Es ist schwieriger, das Kind auf Bodenebene sicher zu halten. Am praktischsten kniet man, statt sich zu bücken, einfach auf den Boden, nachdem man alles Notwendige neben sich bereitgestellt hat. Das Kind kann nicht so leicht wegrutschen und fühlt sich auch sicherer, wenn man eine Gummimatte oder ein altes Handtuch in die Badewanne legt. Nur wenig Wasser einlassen! Ist das Wasser tiefer als 10–13 cm, taucht sein Gesicht unter, falls es dem Griff der Mutter entgleiten sollte. Heißwasserhahn fest zudrehen, ehe es ins Bad gelegt wird! Vorsicht, die Wanne ist groß! Wenn man den Oberarm des Kindes nicht fest umgreift und seinen Kopf stützt, kann es herumrollen und das Gesicht ins Wasser tauchen.

159

Was tun, wenn Babys schreien?
Was essen Einjährige?
Was spielt man bei Regenwetter?
Was tut man bei Windpocken?

In diesem zuverlässigen Handbuch gibt Penelope Leach Antwort auf Fragen, die in den ersten Jahren des Elterndaseins immer wieder auftauchen. Sie stellt die Entwicklung des Kindes in den ersten fünf Lebensjahren dar – von der Geburt bis ins Vorschulalter – und befaßt sich ausführlich mit Ernährung, Wachstum, Schlaf, Schreien und Trösten, Hygiene, Krankheiten, Kleidung usw. Dabei macht sie immer wieder deutlich, wie Eltern ihrem Kind auf dem Weg in die Selbständigkeit am besten helfen können, ohne dabei die eigenen Bedürnisse zu vernachlässigen.

Penelope Leach:
**Die ersten Jahre deines Kindes**
Ein Handbuch für Eltern
dtv 36005